# DISCOURS

SUR

## LA NÉCESSITÉ DE L'ÉTUDE

DE

# L'ARCHITECTURE,

DANS LEQUEL ON ESSAYE DE prouver, combien il est important pour le progrès des Arts, que les Hommes en place en acquièrent les connoissances élémentaires ; que les Artistes en approfondissent la théorie ; & que les Artisans s'appliquent aux développemens du ressort de leur profession.

*Prononcé à l'ouverture du cinquième Cours public donné par le sieur BLONDEL, Architecte, Professeur & Directeur de l'Ecole des Arts, rue de la Harpe, à Paris.*

A PARIS,

Chez C. A. JOMBERT, Imprimeur-Libraire du Roi en son Artillerie, rue Dauphine, à l'Image Notre-Dame.

M. DCC. LIV.

# AVERTISSEMENT.

LES citations d'Auteurs, le dénombrement des Monumens, la connoissance des bons Livres, les noms de la plûpart des Amateurs & des Artistes, occupent un espace considérable dans cet ouvrage. Les en retrancher entierement, c'eût été le priver d'une partie de ses preuves & de son utilité ; les insérer dans le texte, c'eût été le couper à chaque instant & en rendre la lecture fatigante. C'est par ces raisons que nous avons jugé à propos d'en faire des notes les plus concises & les plus intéressantes qu'il nous a été possible. Assez d'Auteurs célèbres pourront louer le rang & la naissance dans les Hommes illustres dont nous avons eu lieu de parler ; nous n'avons dû les considérer ici que par la protection qu'ils accordent aux Beaux Arts. Mais comme nous nous sommes proposés pour objet, d'inspirer le

A ij

même goût à nos Concitoyens ; en leur proposant de si grands exemples, nous leur avons indiqué en même tems les occasions fréquentes qu'ils ont de s'instruire. Nous ne nous sommes pas piqués de dire toujours des choses neuves ; mais nous espérons qu'on sera satisfait de l'ordre sous lequel nous les avons présentées ; de l'attention que nous avons eu à faire connoître des objets, la plupart trop ignorés, & des réflexions dont nous avons accompagné nos indications. Pour être plus intelligibles, & faciliter les connoissances aux personnes qui ne font pas de la profession, nous nous sommes encore déterminés à donner des définitions abrégées des principaux termes de l'Art, répandus dans le discours. Nous avons enfin préféré le format in-8°. à l'in-4°. afin de rendre plus portatif un ouvrage qui doit servir à nos Eleves, comme de guide dans le plan de leurs études & de leurs recherches.

# DISCOURS
## SUR
## LA NÉCESSITÉ DE L'ÉTUDE
### DE
# L'ARCHITECTURE.

## MESSIEURS,

Si le nombre des Cours publics qui font ouverts dans cette Capitale, fur prefque toutes les Sciences (*a*) &

(*a*) De ce nombre font les leçons publiques de Mathématiques, d'Architecture de Perfpective & de Phyfique expérimentale, données au Louvre par MM. *le Camus, Loriot, le Clerc* & l'Abbé *Nolet;* celles fur la Chimie, par M. *Rouel;* fur l'Anatomie, par M. *Sue;* fur la Botanique, par M. *de Juffieu;* indépendamment de nos féances Académiques, de nos écoles de Médecine, de Chirurgie & autres établiffemens & affemblées publiques dont nous parlerons dans la fuite.

les Arts, prouve d'un côté le zèle
que les Sçavans ont pour développer aux Amateurs & aux Eleves les
découvertes qu'ils font tous les jours
dans leur profession ; si la foule qui
accourt à ces leçons démontre en
même tems quelle est l'ardeur des
Particuliers à s'instruire, & quels sont
les fruits qu'on doit attendre de cette
émulation ; cette multitude d'exercices pouvoit d'un autre côté nous
faire craindre que nos Citoyens ne
manquassent de loisir, pour suivre
les leçons que nous avions à leur
offrir sur l'Architecture. Cependant
excités par l'empressement de quelques-uns, convaincus du besoin d'é-
clairer les Hommes d'un certain ordre, & empressés à perfectionner les
Personnes même qui se destinent aux
beaux Arts ; nous n'avons point hé-
sité à vous présenter une occasion
d'apprendre & de connoître une profession si utile à la société, & si

néceffaire à la vie civile ; nous nous fommes même flattés, fur le goût qu'on témoignoit en général pour d'autres études, non moins dignes d'application que l'Architecture, qu'on ne refuferoit pas quelques momens à un Art, dont on recueilleroit dans la ·fuite les plus grands avantages.

Nous commençâmes en 1743 l'effai du projet que nous exécutons aujourd'hui ; (*a*) nous ne fimes que quatre Cours publics, dont le dernier finit en 1748. Nous ne tardâmes pas à nous apercevoir de l'infufifance de ces leçons, qui n'avoient pour objet que la théorie, & qui ne pouvoient être propres qu'aux Artiftes ; nous crûmes donc qu'il étoit néceffaire de les fufpendre pendant quelques années, & de chercher les moyens de

(*a*) Ces leçons publiques furent autorifées par le Miniftere, en conféquence de l'agrément de l'Académie Royale d'Architecture qui en approuva l'établiffement le 6 Mai 1743.

A iiij

nous rendre plus utiles ; dans ce deffein, nous nous fommes occupés à
raffembler ce que les meilleurs Auteurs anciens nous ont laiffé fur l'Architecture ; nous avons examiné les
découvertes que les modernes ont
faites fur cet Art ; nous avons appré-
cié les ouvrages de nos Architectes
François & les Monumens remarquables dont ils ont orné & enrichi
cette Capitale. Nous avons joint la
théorie à l'expérience ; & pour dé-
dommager nos Citoyens de l'inter-
ruption de nos leçons publiques, nous
avons accordé gratuitement, en 1749,
douze places (a) annuelles dans cette
Ecole des Arts, à de jeunes Eleves
qui, plus favorifés de la nature que

(a) En 1750 l'école des Arts, du fieur Blondel,
fut choifie pour enfeigner l'Architecture aux Eleves
des Ponts & Chauffées ; en conféquence, le Miniftere obtint de Sa Majefté une gratification an-
nuelle de 2400 liv. pour les frais de l'inftruction de
fix des Eléves de cette école, qui par ce moyen fe
trouvent munis de livres, d'inftrumens, & autres
dépenfes néceffaires pour l'étude de cet Art.

de la fortune, promettent par d'heureuses dispositions de devenir un jour des hommes précieux à l'Etat, & des Artistes capables d'illustrer leur profession.

Ces places gratuites ne seront point interrompues par nos leçons publiques, & ces disciples jouiront de leurs instructions, parmi le concours des Eleves qui nous sont adressés par la bienveillance du Ministere, la confiance publique, & la réputation que nos soins, sans doute, plus que nos talens, nous ont procuré chez l'Etranger.

C'est dans l'intervalle de tems qui s'est écoulé, & par l'expérience que nous avons acquise depuis nos dernieres leçons, que nous avons reconnu que la plus grande partie de ceux que leur naissance contraint de s'appliquer à plusieurs genres d'études, négligeoient absolument les premiers principes de l'Architecture;

que ceux mêmes qui veulent en faire
leur profeſſion, avoient encore beſoin qu'on leur offrît une théorie
ſuivie, analytique, & démontrée
d'une maniere claire & convain-
cante : enfin, qu'il étoit néceſſaire
que ceux qui ſe vouent par état à
la pratique du bâtiment, trouvaſſent
dans des leçons publiques des principes proportionnés & conformes à leurs
beſoins ; avantages que ces différentes
claſſes d'Auditeurs trouveront dans
les Cours que nous allons ouvrir, &
où nous tâcherons de parler à chacun le langage qui lui convient.

Nous commencerons, Meſſieurs,
par avouer que cette même expérience que nous tenons enfin d'une
longue ſuite d'étude & de réflexions,
nous a convaincu que nos premiers
Cours n'étoient que des leçons dé-
nuées de démonſtrations, que des
cahiers en déſordre, qu'une théorie
trop élevée pour des Artiſans, que

des diſſertations trop méchaniques
pour des eſprits éclairés; nous nous
flatons cependant que ces défauts
trouveront une excuſe dans un début
trop précipité, dans le zèle qui n'a
ceſſé de nous animer pour la perfection d'un Art ſi recommandable, &
dans l'indulgence du Public toujours
empreſſé à applaudir aux moindres
marques de l'émulation d'un citoyen.
Les premiers ſuffrages avoient pu
entretenir notre erreur ; le ſilence
des Architectes de nos jours, la di-
ſette des leçons publiques ſur l'Architecture, peut-être la négligence
de pluſieurs des Maîtres qui l'enſei-
gnent en particulier, devoient nous
attirer un concours ſéduiſant ; mais
nés ſans partialité, lorſque nous nous
ſommes examinés de plus près, & que
nous avons remonté à la ſource des
principes immenſes de l'Art & à
l'étendue des obligations d'un Pro-
feſſeur, combien nous nous ſommes

trouvés loin du but ! qu'il est encore à craindre que nous ne nous laissions entraîner par l'ardeur de nous éclairer nous mêmes en instruisant les autres !

Quoiqu'il en puisse être, nous avons cherché sincerement les moyens de prévenir les inconvéniens, & d'éviter les défauts dans lesquels nous étions tombés : pour y parvenir, il nous a fallu du tems, de l'exercice, des conseils, & de la fermeté contre les obstacles inséparables d'une grande entreprise ; mais encouragés par les bienfaits de SA MAJESTE' (a), nous ressouvenant des bontés dont le Public nous honoroit, & nous rappellant les droits qu'il avoit sur notre reconnoissance ; pouvions-nous faire trop d'efforts ?

Animés par de si puissans motifs,

_____

(a) L'année derniere, Sa Majesté, à qui le Ministre voulut bien rendre compte du succès de cette école, eut la bonté de l'honorer de sa protection, en accordant au sieur Blondel une gratification extraordinaire de 2400 liv. sur le tréfor Royal.

nous avons travaillé sans relâche à
refondre les leçons que nous avions
précédemment données ; à éclaircir
les matières, à en étendre quelques-
unes, à en simplifier d'autres. Mais
la nécessité de mettre ces leçons à
la portée de tous nos Eleves, nous
ayant fait sentir qu'il falloit, quoiqu'il fût question des mêmes préceptes, les leur présenter sous différentes faces, les leur expliquer sous
diverses formes, nous avons compris
qu'il falloit encore les distribuer en un
certain nombre de Cours différens.

Dans ces vûes, nous avons jugé convenable d'en instituer trois ; le premier
que nous appellerons *Cours élémentaire,* sera spéculatif, accompagné de
démonstrations, & regardera sur tout
les personnes qui n'ont besoin d'acquérir les principes de cet Art que
par induction ; son objet sera de multiplier les connoissances, d'éclairer
le goût, de guider le jugement de

ceux qui par leur naiſſance doivent
un jour exercer les premiers emplois
de l'Etat, ſoit à la Cour, ſoit dans
les Provinces, & qui par cette conſidération ne doivent pas ignorer
les principaux élémens d'un Art ſi
fort en recommendation chez tous
les Peuples policés, & ſur lequel ils
auront ſouvent des choix à faire, des
déciſions à donner & des exemples
à laiſſer à la poſtérité.

Le ſecond, intitulé *Cours de théo-*
*rie,* ſera accompagné de citations
utiles & importantes, dicté, démon-
tré, & deſtiné pour ceux qui font
leur objet non ſeulement de l'Architecture, mais encore de la Peinture,
de la Sculpture, & des autres Arts,
qui tirent tous de grands avantages
des règles & des principes de l'Architecture; ce qui perfectionnera les
lumieres déja acquiſes par les Perſonnes de la profeſſion, & leur fera pénétrer l'origine & diſcuter les préceptes

d'un Art dans lequel ils doivent un jour faire éclater tout leur talent.

Le troisième, sous le nom de *Cours de pratique*, aura pour objet l'exercice du deſſein ( *a* ) ; l'application de la Géométrie pratique aux Arts méchaniques ; & ſera conſacré à ceux qui, ſe bornant à la conſtruction des bâtimens, ont beſoin d'une théorie moins tranſcendante, mais auxquels de ſimples élémens ne ſuffiroient cependant pas, pour acquérir les connoiſſances qui leur ſont néceſſaires dans l'art de bâtir, & qui faute de principes, ne pourroient jamais faire de grands progrès dans leur profeſſion.

( *a* ) Nous eſtimons le deſſein ſi néceſſaire à tous les genres de talens, que nous ne ſçaurions trop en recommander l'exercice à tous nos Ouvriers ; lui ſeul peut leur attirer quelque diſtinction dans leur profeſſion, & les guider dans la conduite de leurs travaux. Perſonne n'ignore que c'eſt depuis que cette étude eſt entrée pour quelque choſe dans l'éducation des Artiſans, que la France l'emporte ſur les Nations voiſines dans la pratique des Arts de goût.

Nous ne prétendons point nous
ériger en législateur de l'Architecture, en critique de ses règles fondamentales, en juge souverain des
productions de ses Maîtres ; c'est au
contraire les principes qu'ils ont sui-
vis, que nous tâcherons de développer ; ce sont les beautés avouées de
tous les siecles & de tous les connoisseurs, que nous tâcherons de mettre dans tout leur jour ; nous nous
autoriserons par-tout des loix, des
écrits, des exemples des anciens &
des modernes ; nous rendrons hom-
mage à ceux dont les noms sont de-
venus les plus célebres ; nous ne re-
fuserons pas nos éloges à ceux qui,
sans être parvenus à une si grande
perfection, méritent cependant d'être
distingués ; en un mot, faire naître
parmi les différentes classes que nous
venons d'assigner, un desir ardent de
s'instruire & de voir élever des chef-
d'œuvres dignes de notre siecle, &

de

de nôtre Nation; faire éclorre parmi ceux qui font confommés dans la profeffion, la noble envie de publier les fecrets de leur Art, & leurs découvertes particulieres, multiplier les fecours, les connoiffances, les leçons publiques, le nombre des Profeffeurs; voila tout l'objet de nos travaux, voila la plus digne récompenfe de nos foins.

C'eft ainfi, Meffieurs, que Paris eft devenu, fous le regne de *Louis le Grand*, l'émule de l'ancienne Rome; que tous les Arts (*a*) y ont

(*a*) *Art.* On entend fous ce nom autant les préceptes, que les opérations où l'efprit a plus de part que la main. On diftingue deux fortes d'Arts: on dit art libéral, & art mécanique. Le premier exige la théorie des fciences qui y ont rapport; l'autre ne femble exiger que l'expérience & la pratique: de maniere que celui qui exerce un art libéral eft nommé Artifte, & celui qui fait fa profeffion des arts mécaniques eft appellé Artifan. Tous les arts libéraux font connus fous le nom de beaux Arts; de ce nombre font l'Architecture, la Sculpture, la Peinture, la Gravure, &c. La Maçonnerie, la Charpenterie, la Menuiferie, la Serrurerie, &c. font des arts méchaniques.

B

étalé à l'envi, leurs agrémens & leurs richesses; & que l'Architecture (a),

(a) *Architecture.* On en distingue de trois espéces; la *Civile,* la *Militaire* & la *Navale.* Celle qui fait ici notre objet, comprend trois parties principales; sçavoir, la construction, qui a pour objet la solidité; la distribution, qui a pour objet la commodité; & la décoration, qui a pour objet l'ordonnance du bâtiment en général. On distingue aussi plusieurs genres d'Architecture, depuis les Grecs jusqu'à nous; sçavoir, l'Architecture Antique, Ancienne, Gothique, & Moderne. L'Antique est la plus généralement estimée pour la justesse de ses proportions: elle a été suivie par les Romains, & a subsisté jusqu'à la *décadence* de leur Empire; elle a succédé chez nous à la Gothique. Le château de Maisons, bâti par François Mansard, est dans le goût Antique.

*L'Architecture Ancienne* differe de l'Antique par sa pésanteur excessive & le mauvais choix de ses ornemens; elle tire son origine de l'Empire d'Orient, & a donné naissance à la Gothique. Plusieurs de nos édifices sacrés, en France, sont de ce genre.

*L'Architecture Gothique,* appellée Moderne, differe de l'Ancienne par l'artifice de son travail & l'élégance de ses proportions: elle tire son origine du Nord. Les Cathédrales de Rheims, de Strasbourg, l'Eglise de l'Abbaye de S. Ouen de Rouen, &c. sont de ce genre.

*L'Architecture Moderne* est celle qui, participant des proportions antiques pour l'ordonnance, comprend l'élégance des formes, & la commodité

par la magnificence de ses Palais (*a*),
l'importance de ses Bâtimens (*b*), la
quantité de ses Edifices (*c*), y attiroit

des dedans, & peut être désignée sous le nom
d'*Architecture Françoise* ; aucune Nation policée
n'étant parvenue comme elle à concilier, d'une
maniere véritablement intéressante, les trois parties
qui caractérisent l'Architecture civile dont nous
venons de parler ; sçavoir, la construction, la
distribution & la décoration. Le château de Clagny,
bâti par Hardouin Mansard, est peut-être un de
ceux qui réunissent le plus parfaitement ces trois
parties.

(*a*) *Palais*. Sous ce nom on entend un bâtiment
destiné à la demeure d'un Souverain, & dont la
grandeur, la magnificence & le choix des ornemens
répondent à la dignité du personnage qui l'habite.
Tels sont à Paris, les Palais des Tuileries, du Luxembourg, &c.

(*b*) *Bâtiment*. Sous ce nom on entend plutôt
une maison bourgeoise, que la résidence d'un
grand Seigneur ; il suppose moins d'étendue & plus
d'économie que tout autre genre d'édifice ; enfin
on sous-entend par bâtiment une maison particuliere, telle que celle de M. *de Janvry*, Fauxbourg
S. Germain, à Paris, bâtie par M. *Cartaud* ; celle
de M. *Galpin*, à *Auteuil*, bâtie par M. *Dullin*, &c.
( Voyez le plan de ces maisons dans le Livre intitulé *Architecture Françoise*.

(*c*) *Edifices*. Sous ce nom on entend moins un
bâtiment destiné à l'habitation, qu'une grande place, un Hôtel de Ville, une Bourse, une Bibliothéque, & tout autre bâtiment dont l'intérieur servant

B ij

routes les Nations étrangeres, qui ne fe bornant pas à une admiration ftérile, cherchoient à s'inftruire, & à épurer leur goût par l'examen de fes monumens(a). Bientôt, à l'exemple de la Capitale, & par un effet de l'émulation que ce fameux Miniftre, le pere des Arts, *le grand Colbert*, fçavoit exciter jufques dans les lieux les plus reculés de cet Empire, nos Provinces, s'embellirent, s'enrichirent. Que ne dût-on

de dépôt public, annonce par fes dehors une ordonnance qui, embelliffant la Capitale, illuftre le goût de la Nation où ces édifices font érigés. La Place de Vendôme, le périftyle du Louvre, la Fontaine de Grenelle, à Paris, font de ce genre. On appelle édifice coloffal celui dont les proportions, l'étendue, les dimenfions & les hauteurs font confidérables : tel eft le Portail de Saint Sulpice, à Paris, &c.

(a) *Monument.* Sous ce nom l'on entend tout ouvrage d'Architecture & de Sculpture deftiné à conferver la mémoire des grands hommes ; tel que les Obélifques, les Maufolées, les Arcs de triomphe, &c. La Porte S. Denis, à Paris, la Colonne de l'Hôtel de Soiffons, le Tombeau du Cardinal de Richelieu, à la Sorbonne, font de ce genre. Les édifices facrés font auffi appelés monumens, tels que les Eglifes de la Sorbonne, du Val-de-Grace, & autres.

pas à la protection & à l'encouragement
accordés aux Arts? L'Architecture y
enfanta, comme dans la Capitale, des
merveilles dignes de la curiosité des
Etrangers. Mais que ces tems sont
changés, sur tout pour l'Architecture,
dont la décadence ( *a* ) s'annonce de
la maniere la plus sensible ! Si l'on
compare les Edifices de nos jours avec
ceux du siecle passé, on sera forcé
d'avouer que cette ridicule rivale
du bon goût, la frivolité, est prête
à l'emporter sur la grandeur. & la
majesté des Monumens élevés sous

_____

( *a* ) Nous entendons ici par la *décadence de
l'Architecture*, le peu d'édifices d'importance en
général qui s'élevent présentement en France ; il
semble même que le goût dominant de notre Nation & le but des Architectes de nos jours, n'ayent
égard qu'à la commodité relative à la distribution des bâtimens destinés à notre habitation ; on
pourroit dire aussi qu'il semble que ces Artistes
portent tous leurs soins & leurs études à la perfection & à l'embellissement de la décoration intérieure, pendant que nos façades n'annoncent que
très-foiblement l'application des préceptes qui nous
ont été transmis par les Grecs & les Romains, & ne
présentent qu'une foible idée de l'opulence de la
plûpart de nos Citoyens.

le regne de Louis XIV.

Une des sources de cette dégra-
dation ne seroit-elle pas dans l'abus
que l'on fait de son loisir, & dans
la multiplicité de ces études super-
flues, qui ne tendent qu'à détourner
de la connoissance des Arts vraiment
utiles ; de ces Arts, sans lesquels il
n'est pas possible qu'un Etat conserve
long-tems sa splendeur ?

En effet, Messieurs, que peuvent devenir ces Arts abandonnés, pour ainsi
dire, à eux mêmes, lorsque la plus grande partie des Personnes en place, nées
pour les protéger, les animer, les
encourager, & pour récompenser ceux
qui soutiennent leur éclat, en ignorent eux-mêmes jusqu'aux plus sim-
ples élémens, & ne sont pas en état
d'en évaluer les productions ? Sau-
vons, s'il se peut, l'Architecture de
cet écueil, en suppléant par nos démonstrations publiques, à la négligence, pour ne pas dire au mépris,
qu'on soupçonneroit la plûpart des

Hommes du premier ordre d'avoir eu pour elle, puisqu'il ne paroît pas qu'on ait fait entrer jusqu'à préfent dans aucun plan d'éducation diftinguée, une étude auffi utile au bien de la fociété, & auffi néceffaire pour le befoin particulier.

Les Perfonnes deftinées à commander aux autres, les Miniftres d'Etat, les Gouverneurs, les Chefs de l'Eglife & de la Magiftrature, font tous protecteurs nés des Arts & des Artiftes; il importe par conféquent qu'ils connoiffent les uns & qu'ils eftiment les autres; pour cela ils ne doivent pas attendre les lumieres dont ils auront befoin, d'une expérience qui ne s'acquiert ordinairement que par une longue fuite d'années : n'ont-ils pas à craindre que pendant ce long efpace de tems, les deniers publics ne foient confommés en édifices qui n'attireront pas la moindre approbation aux Ordonnateurs, la moindre réputation aux Artiftes

& le moindre avantage à la Nation!

Quelle gloire ne s'acquereroit pas, Messieurs, un Gouverneur de Province, un habile Militaire, qui après avoir employé en tems de guerre toutes les ressources de l'Art pour opposer à l'ennemi des barrieres impénétrables, non moins habile Citoyen, deviendroit en tems de paix le protecteur des Artistes, & tourneroit tous ses soins dirigés par leurs lumieres, à la décoration, à l'embellissement, & à la commodité des villes de son Gouvernement (*a*)?.

( *a* ) *M. le Maréchal de Belle-Isle* a contribué plus qu'aucun autre Gouverneur à l'embellissement de toutes les Villes de son Gouvernement. Metz surtout se ressent tous les jours de la magnificence & de la grandeur des vûes de cet illustre Citoyen, qui en homme éclairé se fait un plaisir raisonnable, pour se délasser des travaux de la guerre en tems de paix, de procurer aux habitans de ses Provinces des commodités, qui, en leur devenant personnelles, annoncent à la postérité ce que peut un homme du premier ordre instruit de la connoissance des beaux Arts ; connoissance qui en faisant honneur à la capacité de l'Ordonnateur, sert en même tems à relever l'éclat du siécle dans lequel ces hommes chers à la patrie ont vêcu.

Ce n'eſt pas aſſez qu'un Intendant de Province, dépoſitaire des fonds publics, exécute les ordres du Prince, & cherche à procurer des avantages & des embelliſſemens à ſa Province; ce n'eſt pas aſſez, pour les devoirs de ſon adminiſtration, qu'il ait ordonné l'élargiſſement des rues d'une ville, procuré des promenades à ſes Habitans, dirigé des places & fait conſtruire des marchés. Ces dépenſes ſont louables, ſans doute; mais ſi on n'y remarque, ni choix, ni ordonnance, ni goût, loin de mériter les applaudiſſemens des Connoiſſeurs, & de ſervir à la gloire de la Nation, elles tranſmettront à nos neveux l'incapacité des Ordonnateurs. Combien au contraire n'ajouteroit-il pas à l'éclat de ſon caractere & de ſa place, ſi veillant inceſſamment à la conſtruction (a) & au rétabliſſement des

(a) Conſtruction. On entend ſous ce nom l'art d'arranger les differens matériaux d'un bâtiment, de les lier enſemble avec ſolidité, & de réunir la char-

Bâtimens publics, à la beauté des grands chemins, à la salubrité des Habitans que le Prince a confiés à ses soins, il s'acquittoit de ses fonc- avec cette sureté de goût, & cette étendue de lumieres & de discerne- ment qu'elles supposent (*a*) :

penterie, les gros fers, la menuiserie, &c. Enfin par construction on conçoit l'art de bâtir par rapport à la matiere aussi bien qu'à l'ouvrage ; une des plus intéressantes parties de la construction, dans la ma- çonnerie, relativement à l'art, c'est la coupe des pierres ; dans la charpenterie, l'assemblage des bois ; dans la serrurerie, la liaison qu'elle doit procurer à l'édifice ; dans la menuiserie, la commodité & la salu- brité qu'elle produit dans l'intérieur des appartemens.

(*a*) Dans le nombre des Intendans qui se sont signalés par les travaux qu'ils ont ordonnés dans nos Provinces, nous citerons ici M. *de Tourny*. Bordeaux lui doit la plus grande partie de ses embellissemens ; mais la description n'en peut trouver place dans ces notes, à cause de leur détail immense. D'ailleurs, nous nous réservons d'en faire mention dans l'*Architecture Françoise*. Nous cite- rons M. *de Moras*, qui a fait faire à *Valenciennes* des bâtimens assez considérables, & qui fait élever actuellement sous ses ordres près de l'Escaut, un Hôpital, qui contiendra quatre corps de bâtimens donnant sur une cour d'environ 246 pieds de lon- gueur & de 160 de largeur, sur les desseins de M. *Haves*, Ingénieur des Ponts & Chaussées du dépar-

Quelle diftinction ne s'attirera pas
dans une Province un Prélat (*a*), qui

tement de cette Province, & dont l'ordonnance &
l'appareil de conftruction méritent la plus grande
attention. Enfin nous citerons encore M. *de Levignen*, Intendant d'*Alençon*, qui veillant inceffam-
ment à l'exécution des travaux publics, a fait conf-
truire fous fes ordres à Alençon un Hôtel de Ville',
& reconftruire l'Eglife Paroiffiale qui avoit été
détruite par le feu du ciel. Cette derniere a été
exécutée fur les deffeins de M. *Perronet*, alors Ingénieur de cette Province, aujourd'hui Infpecteur
général des Ponts & Chauffées du Royaume, du dé-
partement de Paris, dont nous ne pourrions trop
louer la capacité & les qualités perfonnelles, fi la
modeftie de cet excellent Artifte, & les bornes de
cet abregé ne nous forçoient au filence.

Indépendamment des monumens dont nous venons de parler, érigés à Alençon fous les ordres de
de M. *de Levignen*, nous citerons auffi les bâtimens
des differentes Jurifdictions royales qu'il a fait élever à *Argentan* ; il a rendu à *Falaife* fes Fontaines publiques abandonnées depuis 200 ans ; cette
Ville lui doit auffi un Hôpital général d'une
grande étendue ; & *Lizieux*, le rétabliffement
des Fontaines publiques ; enfin les routes de Paris
en Bretagne, au Mans, & à Caën, prefque reconf-
truites à neuf, fans compter plufieurs Manufactures
de laine & de toile établies dans differens endroits
de la Généralité, font des monumens de cet illuftre
Intendant.

(*a*) Parmi les Prélats, il en eft peu qui ayent
montré plus d'amour pour les Arts & plus de goût,

joignant aux vertus de fon état la connoiffance des Arts, fçaura préfider en homme éclairé, aux travaux toujours néceffaires dans fon Diocèfe pour la conftruction, l'entretien, ou l'embelliffement des Edifices facrés, qui plus que tous les autres, doivent fe reffentir de la majefté des formes (*a*), de la beauté des proportions (*b*), & du

que feu M. *Jean-François de Grignan*, Archevêque d'*Arles*. Les embelliffemens de fon Eglife Métropolitaine, le Palais Archiépifcopal, la part qu'il a eu à d'autres édifices élevés ou rétablis dans cette Ville, y ont rendu fa mémoire précieufe, & lui méritent encore les éloges des connoiffeurs.

(*a*) *Forme*. Mot qui dans l'Architecture défigne la beauté & la grace des contours d'un plan circulaire ou mixtiligne. On dit que cette forme eft défagréable, vicieufe, imparfaite ; ou au contraire, qu'elle eft élégante, ingénieufe, noble, majeftueufe. Les formes confiftent principalement dans l'art de profiler ou de chantourner quelque membre d'Architecture ou de Sculpture, qui ne fe peut tracer géométriquement, mais feulement par l'habitude & les connoiffances du goût ; derniere partie qui ne peut s'acquérir que par l'exercice du deffein & l'imitation des ouvrages les plus approuvés.

(*b*) *Proportion*. Partie la plus intéreffante de l'Architecture : c'eft elle qui détermine les dimen-

choix des ornemens ( *a* ) ?

Quel luftre enfin ne fe répandra pas fur une Cité dont l'adminiftration

fions, les grandeurs, hauteurs & profondeurs des plans & des façades d'un bâtiment ; c'eft par elle qu'un édifice aquiert une relation intime entre le tout & les parties, & que chaque membre fe trouve à fa place. On ne peut arriver à cette connoiffance fi effentielle, que par le fecours des Mathématiques & l'étude des principes de l'Architecture antique ; connoiffance que François Manfard, François Blondel & Claude Perrault ont poffédée fupérieurement.

( *a* ) *Ornement.* Ouvrage de Sculpture qui fert à enrichir l'Architecture, & qui fouvent la caractérife. De ce nombre font les chapiteaux des Ordres Ionique, Corinthien & Compofite. Les ornemens font ordinairement allégoriques, fymboliques, ou arbitraires ; mais dans tous les cas, ils doivent fe reffentir de la folidité ou de l'élégance de l'ordonnance dont ils font partie. Il faut ufer avec prudence des ornemens dans les dehors ; leur prodigalité nuit à l'enfemble des maffes, accable fouvent les parties, & corrompt les détails. Peut-être les élévations de la cour du Louvre feroient-elles encore un meilleur effet, fi l'on eût entaffé moins d'ornemens les uns fur les autres. Le périftyle du devant de ce Palais eft beaucoup mieux entendu dans cette partie, & leur répartition en eft plus heureufement conçue. En général, les ornemens doivent être réfervés pour les dedans des appartemens ; encore faut-il effentiellement y obferver les régles de la bienféance & de la convenance. ( Voyez ce que nous difons de ce genre de Sculpture à la note ( *a* ) page 55.

aura été remise à des Magistrats (*a*) éclairés sur leurs devoirs, qui instruits de l'importance des Edifices qu'ils ordonnent, sont capables de diriger eux-mêmes les embellissemens de l'intérieur de leur Ville; qui par un

(*a*) Entre plusieurs exemples célébres que nous avons en France du zéle des Magistrats pour le bien public, nous citerons feu M. *Turgot*, Prevôt des Marchands de cette Capitale, dont la mémoire nous sera toujours chere par les ouvrages qu'il a fait élever de son tems, les fetes publiques qu'il a ordonnées, & l'amour qu'il portoit aux Arts & aux Artistes. Nous rapporterons aussi un exemple du bien que peut produire dans une ville le zéle d'un Magistrat, dans feu M. *de Pouilly*, Lieutenant de la Ville de Rheims, qui de son vivant a procuré de l'eau à ses habitans, a fait construire des Fontaines & des Machines hydrauliques, a contribué à l'établissement des écoles gratuites de Mathématiques & de Dessein, & qui en homme de lettres, a sçû ramener le goût des Sciences & des Arts dans l'intérieur de sa Province. Nous croyons aussi devoir parler d'un genie rare & transcendant dans un des Citoyens de la même Ville, ( M. *Fremin*, Avocat du Roi ) dont les lumieres, le goût dominant pour les Arts, le desir d'être utile à sa patrie, & l'exemple entretiennent, excitent & encouragent ses compatriotes à faire fleurir une Capitale si recommandable par son antiquité, & à laquelle nous devons des hommes du premier ordre dans plus d'un genre.

goût décidé & des lumieres acquises, sçavent faire un bon choix d'Artistes habiles, créer des Ecoles (*a*), protéger les Académies (*b*), exciter l'émulation chez le Citoyen, & par un judicieux emploi des épargnes publiques, contribuer à l'avantage & à la gloire de toute la Province?

Nous n'exigeons cependant pas que les Personnes en place deviennent Artistes elles-mêmes; mais il il faut qu'elles en sçachent assez pour concevoir de grandes idées, sentir le

(*a*) *Ecoles.* Lieux où des Professeurs enseignent publiquement les Sciences & les Arts. Les écoles ont été célébres à Athènes & à Rome. A Paris, celles de Peinture, de Chirurgie & de Médecine, ont une grande réputation. On dit aussi écoles de Droit, d'Architecture, de Mathématiques, &c. ( Voyez l'école des Arts dont il est parlé note (*a*) pagr. 24.

(*b*) *Académies.* Lieux où s'assemblent les Gens de lettres, ou les personnes qui font profession des Arts libéraux, pour y conferer ensemble sur les Sciences & les beaux Arts, à dessein d'y résoudre les difficultés, en étendre les préceptes & communiquer aux Sçavans leurs observations, soit publiquement, soit par écrit. ( Voyez le dénombrement de nos Académies à Paris, rapporté dans la note (*a*) page 58.

beau, applaudir à des projets dignes
du gouvernement, indiquer aux Architectes le local des Edifices qu'ils
feront chargés de faire élever; concilier la gloire du Prince avec les
interêts du particulier, l'étendue des
projets avec l'œconomie publique,
encourager les talens, récompenfer
à propos leur fuccès; & parvenir
enfin à ce degré de difcernement,
à ce goût sûr & exquis, qui fait
préférer l'Artifte à l'Artifan, qui
fait diftinguer d'un coup d'œil le
défectueux du médiocre, & le médiocre de l'excellent. Sans la connoiffance acquife de l'Art, & fans
les qualités naturelles qui en font
une jufte application, on fera forcé
de s'en rapporter à ce que la renommée aura publié au hazard du
mérite de quelques Artiftes, à ce
que la faveur ou la recommendation aura exalté des talens de quelques autres, ou enfin, à ce qu'une
prévention aveugle en infpirera. Mais
comment

comment éviter les piéges divers qu'on ne manque jamais de tendre à l'intégrité, au zèle, & aux intentions les plus droites, fi l'on n'a pas dans fes propres lumieres un fil affuré, qui ferve de guide dans le labyrinte où l'on cherche fans ceffe à égarer les Perfonnes conftituées en dignité?

Ne nous y trompons pas, Meffieurs, un Homme en place peut être bon Jurifconfulte, Prélat réfpectable, grand Capitaine, homme judicieux, excellent citoyen, & méconnoître les Arts; quels abus alors ne naîtront pas de fon peu de difcernement? Mais fi ce défaut de lumieres eft dangereux dans ceux qui n'ont que l'adminiftration des Provinces, quelles fuites n'aura-t-il pas dans les Hommes élevés aux premieres charges de l'État, eux qui font les difpenfateurs des graces du Monarque, les dépofitaires de fes tréfors, qui ordonnent les Monumens

C

royaux, qui décident des embellissemens de la Capitale, qui d'un
seul regard favorable ou indifférent,
font fleurir ou anéantissent les talens, assurent ou détruisent le progrès des Arts, perpétuent la gloire
ou précipitent la décadence de la
Nation ? Qu'on se rappelle les Richelieu, les Colbert, les Seguier & tant
d'autres Ministres auxquels la France
& les Arts doivent la plus grande
partie de leur splendeur ; & l'on se
demandera à soi-même avec surprise
par quelle noble inspiration, par
quel goût heureux, par quelle con-
stante application, ces Hommes ont
fait élever des Edifices qui, tout
solides & durables qu'ils paroissent,
le feront encore moins que leurs
noms.

Dignes rivaux des illustres Citoyens d'Athènes & de Rome, ils
avoient compris comme eux, que
rien n'assure davantage la durée
d'un Empire, & n'en releve plus

l'éclat, que ces Monumens, qui sem-
blent braver les outrages du tems
& les révolutions de la nature. En
effet, ceux de l'ancienne Rome ne
subsisteroient – ils pas encore, si la
fureur des barbares, la jalousie des
étrangers, ou les maximes d'un zèle
outré (*a*) n'avoient autrefois cons-
piré leur destruction ? Ces fameux
Amphithéâtres (*b*), ces colonnes (*c*)

(*a*) On trouve dans la vie des plus anciens Evê-
ques des Gaules, entr'autres dans celle de Saint
*Hilaire d'Arles*, que par un principe de piété ils
faisoient dépouiller les anciens *Monumens* des
Payens de leurs plus beaux marbres, pour en orner
les églises.

(*b*) *Amphithéâtres*, grands édifices de forme
circulaire, ou élliptique, qui chez les anciens étoient
destinés aux exercices de la gymnastique, ou aux
combats des bêtes farouches. L'Amphithéâtre de
Vespasien, appellé le *Collisée*, & celui de Verone en
Italie, sont les plus célèbres qui nous restent de
l'antiquité. Nous en avons aussi deux en France, les
Arenes de Nîmes & celles d'Arles ; celles-ci sont
presque détruites, mais les premieres sont mieux
conservées.

(*c*) *Colonne Colossale*, monument trop considérable pour entrer dans l'ordonnance d'un édifice.
Telles sont à Rome les Colonnes *Trajane* & Anto-
nine ; à Paris, la Colonne de l'Hôtel de Soissons,

coloffales, ces obélifques (*a*) mer-
veilleux, ces cirques (*b*), ces por-

&c. Ces Colonnes font foumifes aux mêmes proportions que les Ordres d'Architecture, mais ne
font jamais couronnées par des entablemens. Elles
fervent ordinairement à recevoir au-deffus de leur
chapiteau une ftatue pédeftre, feulement élevée fur
un focle.

(*a*) *Obélifque*, efpéce de Pyramide quadrangu-
laire, élevée dans une place publique, un grand
chemin, un bois, &c. conftruite en marbre ou en
pierre, pour fervir de monument; les Egyptiens
en font regardés comme les inventeurs : les principales Places de Rome en font encore décorées
aujourd'hui, & il n'en refte qu'un en France, qui
eft celui d'Arles. On ne fait gueres ufage chez nous
des Obélifques ou Pyramides que dans la décoration des Tombeaux, des Catafalques, des Maufolées, &c. ou dans nos grandes routes & dans nos
forêts. François Blondel en a pourtant incrufté dans
l'ordonnance de la Porte Saint Denis, à Paris ; ce
qui a été condamné par quelques-uns, plufieurs
eftimant que cette décoration devoit être réfervée
aux monumens funéraires, fuivant leur origine. Il
faut pourtant diftinguer les Obélifques des Pyramides, les uns étant d'une proportion beaucoup
plus élevée, & les autres ayant beaucoup plus de
bafe.

(*b*) *Cirque*, lieu deftiné chez les Grecs pour les
Jeux publics. Chez les Romains, c'étoit une grande
place où fe faifoit la courfe des chariots ; les plus magnifiques étoient le grand Cirque d'Augufte, & ceux
de Flaminius, de Neron, &c.

tiques (*a*), ces bains (*b*), ces arcs
de triomphe (*c*), reftes mutilés de

(*a*) *Portique*, gallerie formée par des arcades
fans fermeture, telles que font à Paris celles de la
grande Cour des Invalides, du Luxembourg, de
l'Hôtel de Touloufe, &c. On appelle Portique en
colonnade celui qui a des colonnes diftribuées au-
devant des pieds droits, comme celui de la Cour
royale du Château de Vincennes, d'Ordre Dorique,
bâti par le Veau, felon un nouveau fyftême, pour
l'accouplement des Colonnes de cet Ordre.

(*b*) *Bains*, c'étoit chez les Anciens, un grand bâtiment compofé de cours, d'appartemens, de falles
de bains pour les perfonnes de l'un & l'autre fexe,
environnés d'étuves, de garde-robes, &c. Ces bâtimens publics manquent abfolument en France, où,
malgré le climat temperé, des édifices de cette efpéce contribueroient beaucoup à la commodité & à
la propreté des habitans. Je crois que la ville d'Aix
en Provence, eft la feule où l'on trouve des Bains
publics, nouvellement conftruits. Les plus magnifiques dont il refte quelques veftiges en Italie, font
ceux connus fous le nom de *Thermes de Diocletien*,
dont M. Defgodets nous a donné les mefures. A
Paris, on voit encore les reftes prefque ruinés des
Thermes, ou Bains de Jules Céfar, rue de la Harpe
près celle des Mathurins, dans une maifon appellée
la Croix de fer. Il y a auffi des reftes de Bains
anciens à Arles & à Nîmes.

(*c*) *Arc de triomphe*, monument magnifique
élevé à la gloire d'un Monarque, pour tranfmettre
à la poftérité la mémoire de fon triomphe. Ceux de
Titus, de Conftantin & de Septime Severe, font les

la grandeur Romaine, ne montrent-
ils pas encore, même au sein de la
France, la gloire de leurs Fonda-
teurs? Ne s'enrichit-elle pas toujours
de leurs dépouilles ? N'est - ce pas
pour admirer ces monumens anciens, & puiser dans ces modeles
le goût de la bonne Architecture,
que nos Artistes parcourent ces Provinces ?

C'étoit par ces magnifiques Bâti-

plus renommés de l'Italie. En France, on en trouve
un antique auprès de Saint Remi en Provence, qui
mériteroit d'être plus connu. A Paris, celui du
Trône élevé en modéle sur les Desseins de Claude
Perrault, étoit un ouvrage digne du siécle de Louis
XIV. (Voyez-en l'ordonnance dans le second Volume de l'*Architecture Françoise*, n°. 262. plan-
che premiere). L'Architecture de ces monumens
doit être majestueuse & noble ; on doit faire entrer
dans leur composition une grande Porte en plein
ceintre, d'où leur vient le nom d'*arc*. L'ordonnance en doit être ornée de Sculpture symbolique &
allégorique au motif qui les a fait ériger. On appelle
Portes triomphales, celles qui sont élevées à l'entrée
d'une grande Ville, telles qu'on voit à Paris la Porte
Saint Denis, par François Blondel ; la Porte Saint
Martin, par Bullet, &c. les proportions en sont
colossales & n'ont aucune relation avec les ordon-
nances des bâtimens destinés à l'habitation.

mens que la politique de Rome adou-
cissoit l'esprit des Nations vaincues;
les fêtes, les jeux, les dons qu'elle
prodiguoit à ces peuples subjugués,
leur faisoient aimer des maîtres qui
ramenoient l'abondance & les plaisirs
parmi eux; ainsi à leur exemple
les Ministres, les Princes jaloux de
leur autorité, ont cherché à embellir
les villes de leur domination, & à
donner de la commodité & du délas-
sement à leurs Citoyens.

Mais en vain des Ministres soigneux
de leur renommée, des Gouverneurs
zélés, des Magistrats intelligens s'ap-
pliqueroient à rendre à notre Art
son antique splendeur; ils se pique-
roient inutilement de faire élever
dans la Capitale & dans les Provinces, des monumens somptueux,
dignes d'éterniser le goût François &
le regne du meilleur des Rois, si
les merveilles qu'ils feroient éclorre
n'étoient appreciés que par un petit
nombre de Connoisseurs; si ceux qui,

sans être chargés du poids fatigant de l'administration publique, mais nés pour être amateurs des beaux Arts, n'ont aucune notion de l'Architecture. On les regardera continuellement sans en sentir les beautés : on aura sans cesse sous les yeux des Palais superbes, des Jardins (*a*) délicieux, des Temples (*b*) magnifiques, sans les admirer. On n'en

(*a*) *Jardins.* Il en est de plusieurs espéces. On appelle Jardins publics, ceux qui dans une grande Ville servent à la promenade des habitans, tels que sont à Paris ceux du Palais des Thuilleries, du Luxembourg, du Palais royal, le Jardin du Roi, &c. Celui des Thuilleries est un chef-d'œuvre de le Notre. On appelle Jardin de propreté celui qui dans une maison particuliere est planté d'arbres, de fleurs, de bosquets, de salle, de cabinet de verdure, &c. tels que se voyent à Paris celui de l'Hôtel de Touloufe ; de la maison de M. Roullier, & plusieurs autres d'un dessein bien entendu & entretenu avec soin. On appelle Jardin fleuriste, ce qui contient un espace particulier près du Jardin de propreté ; enfin on appelle Jardin potager, légumier, verger, ceux qui près d'un grand Jardin, font destinés à contenir des arbres fruitiers & des légumes à l'usage de la vie.

(*b*) *Temples* ; c'étoit chez les Payens le lieu destiné au culte de leurs fausses Divinités ; chez les Calvinistes le Temple est appellé Prêche ; les

ſçaura ni diſcerner les défauts, ni eſtimer la perfection. Tout Bâtiment ſpacieux, tout Edifice coloſſal attirera également ou l'indifférence, ou l'étonnement. Que les proportions & la ſymétrie (a) ſoient obſervées dans ces Edifices; que leur diſpoſition (b) ſoit agréable,

Juiſs appellent le leur *Sinagogue*; chez nous, nos Egliſes ſont appellées en général le Temple du Seigneur, du latin *Templum*, dérivé du grec *Temnein*, *partager*, parce qu'un Temple eſt ſéparé & diſtingué de tout autre lieu; bienſéance qu'on n'obſerve pas aſſez ſcrupuleuſement à l'égard de nos Egliſes.

(a) *Symétrie*. On entend par ce nom le rapport de parité des hauteurs, largeurs & longueurs d'un bâtiment, d'une façade, d'une piéce, &c. C'eſt la partie la plus néceſſaire dans l'art de bâtir: les bâtimens les plus ſimples n'ont droit de plaire que par le ſecours de la ſymétrie; elle eſt indiſpenſable dans les édifices d'importance, auſſi bien que dans tous les ouvrages de l'art; le pittoreſque, la diſparité, & le contraſte ne pouvant avoir lieu que dans les choſes de goût & autres productions inſtantanées.

(b) *Diſpoſition*, terme qui ſignifie l'arrangement des parties d'un édifice, par rapport au tout enſemble. On dit qu'un bâtiment eſt bien diſpoſé, lorſque la grandeur du principal corps de logis eſt en rapport avec les aîles, que les avant-corps ſont en

leur ordonnance (*a*) foumife aux règles de la bienféance (*b*); à l'exception
d'une expofition (*c*) avantageufe &

relation avec les arrieres-corps, que les hauteurs des
uns & des autres font proportionnées avec la faillie,
que l'efpace des cours répond à l'importance du
bâtiment, que les formes en font gracieufes & va-
riées, fans contrafte; enfin c'eft par une heureufe
difpofition qu'un Edifice au premier afpect s'attire
l'attention des fpectateurs, & que l'on conçoit une
idée avantageufe des productions d'un Architecte.

(*a*) *Ordonnance* On entend autant par ce terme
la compofition d'un bâtiment, que la difpofition de fes parties. On appelle auffi Ordonnance,
l'application des Ordres dans la décoration des façades, ou feulement les proportions, le caractere, ou
l'expreffion de chacun d'eux, lorfque l'économie,
ou quelqu'autre confidération particuliere ne peut
permettre les Colonnes ou les Pilaftres. On dit cette
Ordonnance eft ruftique, folide ou élégante, lorfque les principaux membres qui compofent fa décoration font imités des Ordres Tofcan, Dorique,
Corinthien, &c.

(*b*) *Bienféance*, terme qui défigne, felon Vitruve, la retenue qu'on doit garder dans chaque genre
d'édifice, rélativement à la dignité des perfonnes
pour qui l'on bâtit. La bienféance embraffe auffi le
choix des ornemens, & l'application des fymboles
& des allégories, qui doivent être analogues à l'ufage
des Edifices facrés, des Places publiques, des Palais
des Rois, &c.

(*c*) *Expofition*, partie la plus intéreffante d'un
bâtiment. C'eft elle qui détermine la forme d'un

d'une diſtribution (*a*) commode, tout paroîtra de même prix. Comment des Hommes, d'ailleurs bien nés, ſeroient-ils en état, ſans les connoiſſances que nous exigeons, de voyager avec fruit ? ne ſe promenent-ils pas dans nos plus beaux Palais, ainſi que le vulgaire ? nos Edifices fixent - ils leurs regards ? au Spectacle même, ne ſont-ils pas

plan, & qui dans ſa diſtribution fait préférer les corps de logis & les aîles doubles, ou ſimples, ou ſemi-doubles, afin d'avoir des appartemens d'été & d'hyver, ſelon que l'édifice ſe trouve élevé à la campagne ou dans la Capitale. Les Châteaux de Meudon, de S. Germain-en-Laye, celui de Montmorenci, &c. ſont d'une expoſition très-avantageuſe. La plûpart de nos bâtimens ſur le bord de la riviere, ſont auſſi d'une expoſition très-agréable ; de ce nombre ſont les Hôtels de Beliſle & de Laſſey, le Palais Bourbon, l'Hôtel Lambert dans l'Iſle S. Louis, &c.

(*a*) *Diſtribution*. On entend par ce terme la diviſion des piéces qui compoſent le plan d'un bâtiment, & dont la ſituation dépend des differens uſages des appartemens de parade, de ſociété & de commodité. La Diſtribution eſt une des parties de l'Architecture, par laquelle nos Architectes François ſe ſont fait une très-grande réputation, ayant, pour ainſi dire, créé depuis environ 30 ans, un nouvel Art de cette partie du bâtiment. Voyez ce que nous avons dit à ce ſujet note (*a*) pag. 21.

frappés comme la multitude, d'une
décoration (a) d'un goût frivole, sans

(a) Par Décoration théâtrale, on entend la re-
préſentation du lieu où ſe paſſe la ſcène ; telle qu'un
Temple, une Place publique, un Palais, un Salon,
une Forêt, un Jardin, &c.

La Décoration, rélativement à l'Architecture, eſt
la partie qui annonce le plus viſiblement la capacité
d'un Architecte, & qui exige le plus la connoiſſance
de la théorie de ſon Art. C'eſt par la Décoration que
l'on diſtingue d'une maniere convenable la demeure
des Souverains d'avec celle des particuliers, & que l'on
donne aux Monumens ſacrés, aux Edifices publics
& autres ouvrages d'importance, ce caractere de
richeſſe & impoſant, qui décide le goût dominant
d'une Nation pour l'art de bâtir. Comme la décoration des Edifices eſt abſolument étrangere à la
commodité & à la ſolidité, & qu'elle n'a pour objet
que l'agrément & la magnificence, il n'y a point de
doute que toutes ſes parties ne doivent être médi-
tées & réglées ſuivant les loix de la convenance, &
ſelon les principes les plus univerſellement approuvés. Les Ordres d'Architecture & leur ordonnance
doivent ſervir de guide dans la compoſition de tout
genre de décoration ; c'eſt par leur application plus
ou moins ſimple, ou plus ou moins compoſée,
qu'on acquiert l'art de donner à chaque bâtiment
ce caractere ou cette expreſſion ruſtique, ſolide,
moyenne, délicate ou compoſée, que préſente l'aſ-
ſemblage du tout & des parties des Ordres Toſcan,
Dorique, Ionique, Corinthien & Compoſite, qui
nous ont été tranſmis par les Anciens, & ſans la
connoiſſance deſquels il eſt difficile de parvenir aux

choix & fans convenance (*a*) ? s'aper-
çoivent-ils que le Temple ou le Palais qu'elle repréſente, eſt peu digne
de la Divinité ou du Monarque qu'on
y révere ? juſqu'à leur habitation (*b*),

plus grands ſuccès. Le Château de Maiſons, le périſtile du Louvre, le Portail de S. Gervais, &c. n'ont
acquis tant de réputation en France, que par l'ordonnance & l'application des Ordres que leurs Architectes y ont employés avec autant de diſcrétion
que de théorie, & avec autant de goût que de lumiere.

On apppelle auſſi décoration l'embelliſſement de
nos appartemens, partie qui à la vérité exige moins
de ſévérité que les dehors, mais qui néanmoins n'a
jamais été traitée avec plus d'élégance qu'à préſent.
Voyez ce que nous rapportons à ce ſujet, note (*a*)
page 55.

(*a*) *Convenance*. La Convenance doit être regar-
dée comme la partie qui doit précéder toute opération dans l'art de bâtir. Elle indique la bienſéance
qu'on doit obſerver dans toutes les eſpéces d'Edifices, leurs grandeurs, leurs formes, leurs ordon-
nances, leurs richeſſes & leur ſimplicité ; c'eſt elle
qui aſſigne les allégories, les attributs convenables
à chaque genre de bâtiment ; c'eſt elle qui régle la
dépenſe ou l'économie, qui détermine le choix des
matériaux, leur emploi, la qualité des matieres ;
enfin c'eſt par l'eſprit de la convenance, que ſous des
principes conſtans on parvient à donner des formes
diverſes à des bâtimens élevés pour la même fin, ſelon
le rang, la dignité ou l'opulence des propriétaires.

(*b*) *Habitation*. En Architecture, ce mot ſignifie

tout se ressent de leur défaut d'intelligence à cet égard; ils n'ont pu se soustraire à la charlatanerie d'Artisans mercenaires auxquels ils se sont adressés; & leur choix dépose également contre l'ignorance de l'Architecte, & contre celle du propriétaire.

Après avoir fait sentir aux Personnes d'un certain rang les abus qui résulteroient de leur peu de lumieres dans l'Architecture, ne seroit-ce pas ici le lieu de rappeller la négligence de la plûpart de ceux qui font leur profession de l'enseigner?

un bâtiment destiné pour la demeure des hommes, & qui a pour objet la commodité des dedans, en quoi consiste l'art de distribuer un plan, tel qu'un Palais, une maison de plaisance, un bâtiment particulier, &c. Ce qu'on ne doit pas entendre d'un Edifice sacré, d'un Arc de triomphe, d'une Fontaine publique, d'une Place, d'un Marché, &c.; de sorte que dans l'Architecture on distingue les bâtimens à l'usage de la vie civile, propres à l'habitation, ceux destinés à la sûreté, tels que les Portes de Ville, ou tout ouvrage militaire; ceux destinés à l'utilité, tels que les ponts, les grands chemins; ceux destinés à la magnificence, tels que les péristiles, les Colonades, les Obélisques, les Jardins spacieux, &c.

Ne pourroit-on pas rapporter pour
la juſtification des premiers, que leur
indifférence pour cet Art vient moins
de leur part, que du peu d'empreſſe-
ment & de ſoin que nos Maîtres
ont montrés à en publier les avantages, à faire connoître l'utilité &
l'étendue de ſes principes, & à prouver qu'ils ne ſont pas réſervés aux
ſeuls Artiſtes ? Si, à l'imitation des
Sçavans, nos Profeſſeurs avoient ou-
vert leur cabinet aux Curieux, qu'ils
leur euſſent expliqué les élémens de
l'Architecture, communiqué leurs
productions, préſenté des modeles,
qu'ils les euſſent conduits dans les
Bâtimens de reputation, qu'ils leur
en euſſent découvert les beautés &
fait apercevoir les défauts, nous ne ſe-
rions pas peut-être, dans l'obligation
d'ouvrir aujourd'hui cette nouvelle
carriere, pour en multiplier les connoiſſances & tâcher de prévenir pour
la ſuite une révolution pareille à celle
dont toute l'Europe a reſſenti les ſuites

pendant plufieurs fiecles (*a*) ; ce qui arrivera, fans doute, fi le plus grand nombre des Hommes en place ne s'empreffe à pénétrer la fource du vrai beau, & à témoigner eux-mêmes un jufte mépris pour tous les ouvrages qui, en s'éloignant des règles de l'Art, juftifient le faux goût contre lequel nous réclamons ici.

Rendons s'il fe peut, Meffieurs, fon éclat à cet Art ; que la protection des Perfonnes du premier ordre, & leur amour pour le bien public inftruifent les Nations les plus éloi-

(*a*) Il s'agit ici du genre d'Architecture Gothique & Arabe, qui a prévalu pendant plufieurs fiécles fur celui de l'antique ; quoique les Édifices Arabes & Goths fuffent foumis aux loix de la folidité, ils étoient plus étonnans que beaux, plus impofans qu'eftimables, plus hardis que vraifemblables. La pefanteur des premiers eft prefque toujours auffi rebutante que la légéreté des autres eft contraire à la bienféance & à l'application qu'en ont fait les Architectes de ces tems, déja affez reculés ; fans parler ici de l'abus des ornemens, du mauvais goût des profils & de la difparité des membres d'Architecture, dont l'une & l'autre étoit compofée. Voyez ce que nous avons déja dit note (*a*) p. 18.

gnées ;

gnées ; qu'à l'exemple des siecles
d'Auguste & de Louis le Grand, nos
Ministres, nos Prélats, nos Magistrats ne dédaignent ( *a* ) pas de don-

( *a* ) Si nous avons publié avec éloge le succès des
Arts sous le régne de Louis XIV, oublierons-nous
de parler ici des monumens qui s'élevent de nos
jours par la protection que Sa Majesté accorde aux
beaux Arts, & dans l'intention de procurer un plus
grand avantage à ses sujets, sous la direction générale d'un Chef qui sçait entreprendre, encourager
& récompenser, lorsqu'il s'agit d'illustrer & de
perpétuer l'émulation de nos Artistes ?

En effet, que ne devons-nous pas espérer des
progrès de l'Architecture, sur tant d'édifices, ou
exécutés, ou commencés ou projettés ?

Tout Citoyen n'est-il pas flaté de voir construire
un superbe Edifice pour l'éducation de la jeune
Noblesse dans l'Ecole militaire ? quelle idée ne se
fait-on pas du projet de la Place que l'amour du
peuple se propose de consacrer au Roi ? quelle im-
patience nos habitans ne montrent-ils pas de voir
bientôt décorer cette Capitale d'un Hôtel de Ville
digne de la Nation Françoise ? quel bien plus réel
ne doit pas produire l'entiere perfection des bâtimens immenses des Quinze-vingt & des Enfans-
Trouvés, qui procurent des asyles à l'infortune &
des sujets d'admiration aux Etrangers ? avec quelle
magnificence n'embellit-on pas l'intérieur de nos
Temples ? Puis-je obmettre l'édification de la Pa-
roisse de S. Louis à Versailles, l'Abbaye de Panthe-
mont à Paris, Saint Louis du Louvre, les Portails
de l'Oratoire, de S. Roch, de S. Sulpice, de Saint

D

ner quelques inſtans de leur loiſir
à l'étude de l'Architecture, qui con-

Euſtache, &c. ? Combien de belles maiſons ne s'élè-
vent pas dans cette grande Ville & dans ſes environs ? on y voit l'élégance & la commodité ſurpaſ-
ſer ce que nous avons de plus accompli en ce genre
dans les Edifices qui nous ont précedés.

Vit-on jamais dans nos Maiſons royales les en-
tretiens, les reſtaurations & les embelliſſemens
pouſſés à un auſſi haut point de perfection ? que
pourrions-nous dire qui ne ſût avoué de toute l'Europe, au ſujet des grands chemins qui s'exécutent de
nos jours ? avec quelle dépenſe n'éleve-t-on pas le
Pont d'Orléans ? quels ſuccès ne doit-on pas attendre de ceux de Moulins, de Triport, de Mantes,
que l'on va conſtruire, de ceux de Pont Sainte
Maxence, de Saumur, de Tours, &c. dont les projets
utiles, la diſpoſition & la magnificence annoncent
la vigilance du miniſtere pour le bien public, &
la capacité des Ingénieurs habiles qui ſont à la tête
de ces vaſtes entrepriſes ?

Enfin que pourrions-nous dire de plus frappant à
l'honneur de notre ſiécle, ſi nous oſions entreprendre la deſcription des édifices dans tous les genres
que voit éclore la Capitale de la Lorraine, ſous la
domination d'un Prince qui ne dédaigne pas de
préſider lui-même aux monumens ſomptueux qu'il
fait élever, ſoit pour la majeſté dûe à ſon rang,
ſoit pour les bâtimens utiles aux peuples qu'il gouverne, & qui par des récompenſes toujours royales
ſçait s'attacher des Artiſtes de mérite, former des
établiſſemens, protéger les Académies & contribuer ſans ceſſe au bien public, aux progrès des Arts,
& à la gloire d'une Province qui ſe reſſentira à jamais
de ſes bienfaits, de ſa grandeur & de ſa magnificence?

court plus que toute autre à faire fleurir l'Etat & la Patrie ; qui met feule
en mouvement toutes les autres fciences, & tous les genres de talens, ou
du moins qui, dans fon origine &
fes progrès même, a donné lieu à
plufieurs grandes découvertes (*a*).

Or la premiere connoiffance néceffaire aux Hommes d'un ordre fupérieur, eft celle des Mathématiques,
du moins jufqu'à un certain degré ;
cette fcience développe le génie,
donne à l'efprit de la juftesse, & le
rend conféquent : elle eft en un mot
la bafe de tous les Arts, qui ont avec

(*a*) Perfonne n'ignore que la néceffité de fe loger
commodément, d'élever des Temples à la Divinité,
des demeures aux Princes, des Places publiques aux
peuples, a excité les Sçavans à faire des découvertes
dans la méchanique, pour faciliter le tranfport, l'é-
lévation & l'accélération des édifices ; dans l'hydraulique, pour procurer l'écoulement des eaux &
l'embelliffement de nos maifons de plaifance ; que
c'eft enfin par la multiplicité de ces différens genres
de bâtiment, que la Sculpture, la Peinture & les
autres Arts ont pris faveur, en contribuant à la décoration ... plus fuperbes monumens, fans l'édification defquels les découvertes des Sciences & la
perfection des Arts auroient été inutiles ou de peu
d'importance.                        D ij

elle une relation intime. L'étude du deſſein doit ſuccéder à celle-ci ; ſans cet exercice, toutes les productions de l'art ſont en pure perte ; les plus célebres ouvrages de nos Peintres, de nos Sculpteurs anciens & modernes, nos recueils (*a*), fruits de tant de

( *a* ) Quelle obligation les Arts n'ont-ils pas à pluſieurs de nos Citoyens du premier ordre, qui, par le goût qui leur eſt naturel, & pour ſe délaſſer du poids fatigant de leurs affaires, ne dédaignent pas de s'appliquer à nous tranſmettre par le miniſtere de la gravûre les ouvrages des grands Maîtres ; à raſſembler dans leur demeure les chefs-d'œuvres des Ecoles des Peintres les plus célebres, à contribuer par leur exemple à faire naître chez nos contemporains la paſſion des Arts ; en un mot, qui par leur urbanité & leur bienveillance déterminent, encouragent & excitent nos Artiſtes à marcher à grands pas dans la carriere de l'immortalité ?

Nous ſeroit-il permis de citer ici M<sup>gr</sup>. le Duc d'*Orléans*, M. le Duc de *Tallard*, M. le Duc de *Chaulnes*, & pluſieurs autres perſonnes illuſtres, dont les cabinets nous ſont ouverts avec complaiſance, ſans oublier les collections conſidérables de Tableaux, de Deſſeins, de Bronze, & autres curioſités d'un choix exquis, que renferment ceux de M. le *Prince de Monaco*, de M. le *Marquis de Voyer*, de M. le *Baron de Thiers*, de même que ceux de MM. *de Jullienne*, *de Gagny*, *de la Boiſſiere*, & tant d'autres connoiſſeurs, qui par l'amour qu'ils por-

fiecles, deviennent indifférens à qui
manque du goût que l'on ne peut ni
acquerir ni rendre folide fans l'exercice du deffein.

L'étude des Mathématiques & celle
du Deffein conduifent infailible-
ment à la fpéculation de l'Architecture, dont il eft effentiel de pénétrer les principes généraux ; principes qui enfeignent à juger de l'ordonnance de nos bâtimens, à appli-

tent aux beaux Arts, font parvenus à réunir dans
cette Capitale ce que des Nations entieres dans des
fiécles moins heureux n'auroient pû recueillir ?
Enfin que ne devons-nous pas à M. le *Comte de
Caylus*, M. *Vatelet*, M. *Hulft*, amateurs nés des
Arts, qui par leurs confeils, leurs importans avis,
leurs foins infatigables pour le bien de la fociété,
non contens de s'intéreffer à tout ce qui contribue
à l'embelliffement de l'intérieur de la Capitale,
étendent leur attention & leurs lumieres jufques
dans les Provinces les plus éloignées, & ne la refu-
fent pas même aux Nations étrangeres ?
Que de tels exemples, quand on y réflechit, font
capables de foutenir & d'augmenter le fuccès des
Arts en France ! auffi eft-on obligé de convenir que
la plûpart font pouffés au plus haut point de perfection. L'Architecture fera-t-elle donc la feule qui,
faute d'amateurs d'un mérite diftingué, reftera dans
l'oubli, après avoir produit tant de merveilles ?

quer à nos propres besoins une distribution commode, à procurer de
l'agrément à nos demeures, & à
discerner la convenance qui est propre à chaque genre d'édifice sacré,
public ou particulier.

Si nous n'avons paru souhaiter que
des connoissances élémentaires des
Arts dans les Personnes qui, par leur
naissance ou la dignité de leurs emplois, se contentent du titre de connoisseurs ou d'amateurs, quelle étude & quelle expérience ne doit-on
pas exiger des Hommes qui par
état veulent faire leur profession de
l'Architecture? Dépositaire de la confiance publique, & chef du bâtiment,
un Architecte en fait mouvoir tous
les ressorts; lui seroit-il possible d'ob-
tenir les suffrages de ses concitoyens,
& d'acquérir quelque réputation chez
l'étranger, s'il n'avoit que des idées
superficielles des principes de son Art?
Non, sans doute, nous l'avons déja
dit dans nos Cours précédens; mais

il est indispensable de le répéter ici ;
un bon Architecte n'est point un
homme ordinaire, puisqu'indépendamment des règles fondamentales
de son art, il est important qu'il soit
muni de la théorie de ceux qui y ont
relation, tels que les Mathématiques,
la Perspective, la Sculpture (*a*), la
Peinture, l'art du Jardinage (*b*), la

(*a*) Nous entendons moins parler ici de la
Sculpture qui concerne les statuaires, que de celle
qui regarde ceux qui font leur capital des ornemens
en bois, plâtre, pierre, marbre, bronze, &c. à
l'usage de la décoration des appartemens, partie
des bâtimens poussée peut-être au plus haut point
de perfection : en effet, jamais l'élégance des formes, la beauté de l'exécution, la richesse des matieres ne furent employées avec autant de goût &
de variété, dégré de supériorité que nous devons de
nos jours à MM. *Pineau*, *Lange*, *Verbreck*, &c.
qui par leur expérience & leur capacité ont contribué à rendre nos demeures des séjours enchan-
tés, dignes de l'opulence de la plûpart de nos
Citoyens & de l'admiration des Nations non pré-
venues.

(*b*) Quoiqu'il semble que dans tous les tems
quelques Artistes ayent fait une profession particuliere de l'art du Jardinage, ainsi que le célébre M.
*le Notre*, M. *Desgot*, & plusieurs autres qui se sont
acquis une très-grande réputation dans cette partie,

coupe des pierres, la Menuiferie, la Charpenterie, &c. tout eft de fon reffort. Il lui eft également effentiel d'être homme de lettres, d'avoir reçu une éducation cultivée, & d'être d'une probité à toute épreuve ; Vitruve exigeoit même que nous euffions des connoiffances de la Philofophie, de la Phyfique expérimentale, de la Médecine & de la Mufique. Qu'on juge donc par là de l'importance de cette profeffion (*a*).

il eft cependant certain qu'un Architecte habile ne doit pas négliger la connoiffance de cette fcience, & qu'à l'exemple d'Hardouin Manfard, de qui font les Jardins de Marly, il doit fçavoir comprendre dans fon projet général l'afpect des dehors avec la difpofition de fes bâtimens, feul moyen de concilier les régles de fon Art avec les differentes fujétions que lui prefcrit un terrein montagneux, à mi-côte ou de niveau, & plus ou moins aride & fertile en eaux ; de forte que des dedans de fes édifices on jouiffe d'un extérieur agréable ; & que des dehors, ces bâtimens femblent s'accorder avec les productions de la nature, que fon Art aura fçú faire plier à ces differens befoins.

(*a*) *François Blondel*, *Claude Perrault*, *Charles Daviler*, & plufieurs autres dans le dernier fiécle. Meffieurs *Boffrand*, *de Vigny*, *Brifeux*, &c. de

Mais s'il n'est pas absolument nécessaire pour être Architecte d'un certain mérite, de rassembler toutes ces différentes parties dans un degré également éminent, il est certain du moins qu'on n'en doit pas ignorer les inductions ; elles sont d'autant plus faciles à acquerir, que les Académies, les Ecoles, les Leçons publiques n'ont jamais été si abondantes, & que la facilité de leur accès doit concourir indispensablement à former d'excellens Artistes.

En effet, vit-on jamais un siecle plus propre à faire éclore le germe des talens, un siecle où les secours pour toutes sortes d'études soient plus multipliés ? Y en eût-il jamais un si grand nombre dans Athenes, dans

nos jours ont montré dans plus d'une occasion l'étendue de leur expérience dans la bâtisse, leur amour pour les Sciences, leur goût pour les beaux Arts & leurs connoissances dans les belles Lettres, & peuvent sans contredit être cités pour servir de modéles à ceux qui voudroi à l'avenir faire leur profession de l'Architecture.

Rome, lors même de leur plus éclatante prospérité ? L'Histoire Naturelle, la Physique, la Chymie, la Médecine, l'Astronomie, les Mathématiques, l'art de la Guerre, la Musique, la Géographie, enfin l'Architecture, la Peinture & la Sculpture ont des temples ouverts pour l'instruction des Citoyens & des Étrangers ( *a* ).

( *a* ) Nous avons nommé dans la premiere de ces notes les principaux Cours publics qui se donnent à Paris ; nous allons parler ici de nos Académies suivant l'ordre de leurs créations , ainsi que des jours de leurs Assemblées publiques ; nous citerons les Maisons royales , qui renferment differens genres de productions relatifs à l'étude , & qui se voyent publiquement pour la plûpart ; nous finirons par nos plus belles maisons de plaisance , nos principaux monumens & quelques édifices particuliers , dont l'examen ne peut que contribuer à instruire nos éleves , exciter la curiosité des amateurs , & produire la plus grande admiration aux étrangers.

## Académies Royales.

L'*Académie Françoise*, instituée en 1635 , tient ses Assemblées publiques lors de la réception de ses Académiciens & tous les ans le jour de la S. Louis.

L'*Académie de Peinture & de Sculpture*, instituée en 1648, tient ses Assemblées le premier & le dernier Samedi de chaque mois : quoiqu'elle ne soit

# Il eſt donc aiſe par ces ſecours de

pas cenſée publique, lorſque quelqu'Académicien y prononce un diſcours, qui tend ordinairement à la perfection & aux progrès des Arts, les honnétes gens y trouvent un libre accès.

En général cetté Académie a pour baſe l'école du modéle qui ſe tient tous les jours après-midi, & où de jeunes éleves auſquels on a trouvé des talens pour cette profeſſion, ſont reçus & enſeignés par un des Académiciens de cette illuſtre Compagnie ; l'on y donne auſſi publiquement une leçon de perſpective tous les Samedis.

*L'Académie des Inſcriptions & Belles-Lettres*, inſtituée en 1663, tient deux Aſſemblées publiques tous les ans, l'une le lendemain de la Saint Martin, l'autre après la quinzaine de Pâques.

*L'Académie des Sciences*, inſtituée en 1666, tient auſſi tous les ans deux Aſſemblées publiques, l'une après la Saint Martin, & l'autre après Pâques, mais à des jours differens de celle des Inſcriptions.

*L'Académie d'Architecture*, inſtituée en 1671, ne tient point d'Aſſemblée publique, mais deux de ſes Membres y donnent deux leçons ; l'une ſur l'Architecture, tous les Lundis après-midi, & l'autre ſur les Mathématiques, tous les Mercredis au matin. *Toutes ces Académies tiennent leurs Aſſemblées au Louvre.*

*L'Académie de Chirurgie.* Quoiqu'il ſemble que cette Académie ſoit étrangere aux Arts de goût, en faveur néanmoins de l'utilité qu'elle peut procurer aux Peintres, Sculpteurs, Deſſinateurs, &c. qui ont eſſentiellement beſoin des leçons anatomiques que l'on donne dans cette ſçavante école, nous en indiquons içi les jours publics.

s'élever au deſſus du vulgaire dans

Cet illuſtre Corps fut érigé en Académie en 1731.
Il s'aſſemble régulierement deux fois la Semaine les
après-midi, & fait donner dans ſon amphithéâtre
les Lundis, Mardis & Vendredis des leçons publiques, tendant à perfectionner la connoiſſance du
corps humain, auſſi bien que la pratique de la Chirurgie, principalement par *expérience* & par *obſer-*
*vation. Cette Académie tient ſes Aſſemblées rue des*
*Cordeliers.*

*Enumération des Maiſons royales, qui contien-*
*nent les differentes collections dont la connoiſ-*
*ſance & l'étude ſont utiles aux Artiſtes.*

La *Bibliothéque du Roi*, édifice très-ſpacieux, &
qui contient 1°. environ 150000 volumes imprimés
& 40000 volumes manuſcrits, ſous la direction du
grand Bibliothéquaire, M. *Bignon*, Conſeiller d'E-
tat, &c. & ſous la garde de M. l'Abbé *Salier*, de
l'Académie Françoiſe, & de M. *Mellot*, de l'Académie
des Inſcriptions & Belles-Lettres : 2°. un cabinet
d'Eſtampes, compoſé d'environ 4000 volumes, ſous
la garde de M. l'*Abbé Joly*; 3°. un cabinet des Médailles, l'un des plus conſidérables & des plus com-
plets qui ſoit en Europe, ſous la garde de M. l'Abbé
*Barthelemy*; 4°. un cabinet des Antiques, renfer-
mant un grand nombre de figures, de buſtes, de
vaſes, d'inſtrumens & autres monumens de cette
eſpéce, raſſemblés avec autant de ſoin que de goût,
auſſi ſous la garde de M. l'Abbé *Barthelemy. Cet*
*édifice eſt ſitué rue de Richelieu.*

La *Sale des Antiques*, dans laquelle eſt raſſem-
blée la plus grande partie des reſtes précieux que

# chaque genre de talent, puisque tant

nous possedons en France, des plus célèbres Sculpteurs de la Grece & de l'Italie, soit en statues de marbre, bas-reliefs, rondes-bosses, moules creux, &c. sous la direction de M. *de Foncemagne*, de l'Académie Françoise & des Inscriptions.

La *Salle de la Marine*, contenant les plus beaux modéles des bâtimens à l'usage de la navigation, exécutés avec beaucoup de succès, de soins & de détails, sous la direction de M. *Duhamel*, de l'Académie des Sciences, Inspecteur général de la Marine. *Ces deux Salles sont situées au Louvre.*

La *Salle des Fortifications*, connue sous le nom de Gallerie des Plans du Roi, dans laquelle sont contenus les plans des Places fortifiées du Royaume, exécutés avec une dépense véritablement royale, & avec autant de précision que d'intelligence, sous la garde de M. *de Mazin*, Ingénieur du Roi.

Le *Cabinet des Desseins* de Sa Majesté, contenant une collection très-considérable des Desseins des grands Maîtres anciens & modernes, sous la garde de M. *Cochin fils*, Membre de l'Académie royale de Peinture.

A propos de ce Cabinet, nous citons celui de M. *Jean Mariette*, Honoraire de l'Académie royale de Peinture. Ce Cabinet mérite à plusieurs égards l'attention des connoisseurs.

La *Monnoye des Médailles*, où se fabriquent les médailles, jettons & autres ouvrages de ce genre, & dans l'une des piéces de laquelle se voyent les quarrés & poinçons qui ont servi à frapper les suites des Médailles de Louis XIV, celles des Rois de France depuis Pharamond jusqu'à présent, &c. sous la direction de M. *de Cote*, Intendant & Contrôleur des

de moyens nous sont offerts; mais

*Bâtimens du Roi. Ces trois genres de curiosités se voyent aux Galleries du Louvre.*

Le *Cabinet d'histoire naturelle*, dans lequel est rassemblé avec beaucoup d'ordre & de magnificence une collection considérable de quadrupedes & d'oiseaux de differentes espéces, de fossiles, d'insectes, de poissons, de graines & de plantes, à l'usage des Arts & de la Médecine, aussi bien que des modéles de divers genres de machines, sous l'intendance de M. de Buffon, & la garde de M. *Daubenton*, de l'Académie des Sciences. *Ce Cabinet se voit au Jardin du Roi.*

Nous nommerons ici en passant le Cabinet de M. *de Réaumur*, le plus riche & le plus complet qu'ait peut-être jamais eu en Europe aucun particulier, pour l'histoire naturelle, *rue de la Roquete, Fauxbourg S. Antoine*; celui de M. *d'Ons-en-Bray*, pour la méchanique, à *Bercy*, & que l'on va rendre public au Louvre.

Le *Cabinet des Tableaux du Roi*, dans lequel est rassemblée une partie des ouvrages des grands Maîtres, anciens & modernes, sous la garde de M. *Bailly*, Peintre de Sa Majesté, au *Palais du Luxembourg.* Voyez les autres Cabinets de Tableaux qui sont à Paris, & que nous avons cité note (*a*) p. 52.

L'*Arsenal*, dans une des grandes Salles duquel se voyent les armures & les instrumens militaires, depuis l'origine des Gaules jusqu'à présent; curiosité qui intéresse les Peintres, Sculpteurs & Dessinateurs, *Quai des Célestins.*

Enfin à tant de merveilles nous ajoûterons les Atteliers de nos habiles Sculpteurs & de nos grands Peintres, comme autant de dépôts des merveilles

# il faut pour y réuffir que l'effet de

de notre fiécle, où l'on peut puifer par l'examen de leurs ouvrages & l'entretien de ces célébres Artiftes, les connoiffances les plus utiles à la perfection des talens dans tous les genres.

*Principales Maifons de plaifance, dans lef-*
*quelles on peut acquérir diverfes connoiffances*
*néceffaires aux Architectes & aux Artiftes.*

Le *Château de Verfailles*, à beaucoup d'égards, principalement pour la diftribution & l'embelliffe-ment de fes Jardins, auffi bien que pour les bâti-mens des Ecuries & de l'Orangerie; autant de chef-d'œuvres *de le Notre* & *de Jules-Hardouin Manfard.*

Le *Château de Marly*, pour la difpofition géné-rale & l'élégance des formes des Jardins, exécutés fur les Deffeins de *Jules-Hardouin Manfard.*

Le *Château de Maifons*, pour la jufteffe des pro-portions de l'Architecture, le choix des ornemens & la fevérité des regles, exécuté fur les Deffeins de *François Manfard.*

Le *Château de Clagny*, pour la belle difpo-fition de fon plan & le choix des formes de fes élé-vations, bâti fur les Deffeins de *Jules-Hardouin Manfard.*

Les *Châteaux de Sceaux* & *de Chantilly*, pour l'agrément de leurs Jardins. Ceux de *Meudon*, de *Saint Germain-en-Laye*, de *Bellevue*, &c. pour la variété de leurs afpects & la diverfité de leur expofi-tion, plantés fur les Deffeins de *le Notre*. Le dernier fur les Deffeins de M. *Dille.*

Le *Château de Saint Cloud*, pour fon efcalier, pour la beauté & la magnificence du Salon & de fa Gallerie, peinte par *Mignard*. Le Château a été bâti,

ces fecours foit préparé par d'heu-

pour la plus grande partie, par *Jules-Hardouin Manfard.*

Le *Château de Choifi*, pour l'expofition & la fimplicité de fes anciens Jardins, & les nouvelles cours & avant-cours que l'on vient d'y ajoûter fur les Deffeins de M. *Gabriel*, premier Architecte du Roi.

Le *Château de Vincennes*, par le portique Dorique de la Cour royale, fuivant un nouveau fyftème, concernant l'accouplement de cet ordre, bâti fur les Deffeins de *Le Veau.*

Le *Château de Fontainebleau*, par fa fituation finguliere, les peintures du *Primatice*, la falle de Spectacles, & le parterre du Tibre, une des belles chofes qui ait jamais été faite, par *le Notre.*

Le *Château de Livry*, pour fon falon à l'Italienne, du Deffein de *Le Veau.*

*Principaux Edifices élevés dans cette Capitale, confidérés par l'idée que donne leur afpect.*

Le *Périftile du Louvre*, pour la belle ordonnance de l'Architecture, bâti fur les Deffeins de *Claude Perraut.*

L'*intérieur de la Cour du Louvre*, pour la beauté des détails, bâti fur les Deffeins de l'Abbé *de Clagny.*

Le *Palais du Luxembourg*, pour fon genre ruftique, bâti par *Jacques de Broffes.*

Le *Palais des Thuilleries*, pour l'étendue, par *Philbert Delorme*, & la beauté de fes Jardins, par *le Notre.*

Le *Palais Royal*, pour la magnificence & l'im-

reufes

reufes difpofitions; que ceux qui étu-

menfité de fes appartemens, décorés par *G. Oppenor.*

L'*Obfervatoire*, pour la beauté de l'appareil, par *Claude Perrault.*

La *Porte triomphale de Saint Denis*, par le beau fimple & fa proportion coloffale, par *François Blondel.*

La *Fontaine des Innocens*, pour la légereté de fon Architecture & l'élégance de fa Sculpture, bâtie fur les deffeins de l'Abbé *de Clagny.*

Le *Portail de l'Eglife de Saint Gervais*, pour fa forme pyramidale, par *Jacques de Broffe.*

Le *Val de Grace*, pour la majefté, par *F. Manfard.*

L'*Eglife de la Sorbonne*, pour la convenance, par *le Mercier.*

La nouvelle *Eglife des Invalides*, pour l'élégance, par *Jules-Hardouin Manfard.*

Les *Quatre-Nations*, pour l'afpect, par *Dorbay.*

L'*Eglife des Carmelites*, au Fauxbourg S. Jacques, pour l'élévation de fon Sanctuaire & la quantité de beaux Tableaux qu'elle contient; ainfi que celle des *Chartreux*, de *Notre-Dame*, de *S. Gervais*, de *Sainte Geneviéve*, de *S. Germain des Prés*, & une infinité d'autres monumens facrés, dont l'intérieur eft décoré des plus beaux ouvrages de peinture de l'Ecole Françoife.

*Hôtels les plus remarquables à Paris, où l'on peut apprendre à connoître les differens genres de diftribution, & l'ordonnance des façades propres à l'ufage des bâtimens relatifs à la fociété civile.*

L'*Hôtel de Carnavalet*, pour les chef-d'œuvres de

dient, aient de l'émulation, de la

Sculpture de *Jean Goujon*, confervés dans l'ordonnance des façades, par *François Manſard*.

L'*Hôtel de Soubiſe*, pour l'élégance de la diſtribution & de la décoration intérieure de ſes appartemens, par M. *Boffrand*.

L'*Hôtel de Touloute*, pour la beauté des dedans, par M. *de Côte* & M. *Vaſſé*.

Le *Palais Bourbon*, pour ſa couverture à l'Italienne, par M. *Laſſurance*.

L'*Hôtel de Valentinois*, pour la belle diſpoſition de ſes dehors, par M. *Courtone*.

L'*Hôtel Mazarin*, pour l'élégance de ſa décoration intérieure, bâti ſur les Deſſeins de M. *le Roux*.

L'*Hôtel Lambert*, dans l'Iſle Notre-Dame, bâti par *Le Veau*, pour la ſituation de ſes dehors & pour les chef-d'œuvres de *le Sueur* & *le Brun*, qu'il contient.

L'*Hôtel de Beauvais*, pour l'irrégularité du terrein racheté avec beaucoup d'art par le *Pautre*, qui en a donné les Deſſeins.

Voyez les deſcriptions que nous avons données, & les plans, élévations, coupes & profils de ces édifices, dans les ſix premiers volumes de l'*Architecture Françoiſe*.

Nous obſerverons que les notes répandues dans ce diſcours ne nous ayant pas permis un long détail, nous nous ſommes trouvés forcés de paſſer ſous ſilence pluſieurs cours publics qui ſe donnent dans notre célèbre Univerſité & chez differens particuliers véritablement citoyens ; que cette même conſidération ne nous a pas permis de parler de la célébrité de pluſieurs Profeſſeurs, d'un grand nombre de Sçavans, d'Artiſtes habiles & d'Auteurs renommés, de même que de pluſieurs collections

docilité, d'excellens Maîtres, des livres choisis (a), de l'empire sur leurs passions, de l'amour pour la vertu, & le cœur citoyen. Si d'un côté ces qualités coûtent à acquérir, d'un autre côté celui qui les possede n'est-il pas en droit d'aspirer à la plus haute réputation, & à l'estime la plus générale ? La bienveillance du Prince, la considération des Personnes d'importance, & le suffrage de ses Com-

considérables & autres cabinets curieux ; enfin de tous les édifices d'importance, qui contribuent par leur aspect à la perfection des Arts ; nous n'avons pu dans cet abrégé citer que ceux qui sont plus universellement connus, & comme ils se sont présentés à nous, sans partialité & sans prévention, ce que nous annonçons dans cette note, pour prévenir la critique de ceux qui nous ont soupçonnés précédemment de prédilection, à l'occasion du traité de l'*Architecture Françoise* & des articles qui nous concernent dans le *Dictionnaire de l'Encyclopédie.*

(a) Nous nous proposons de communiquer aux personnes déja instruites, & après les leçons, les livres d'Architecture les plus utiles & les plus intéressans, ayant pris soin de faire traduire la plus grande partie de ceux qui, écrits en langues étrangeres, n'auroient procuré qu'à un petit nombre la facilité d'y puiser les préceptes de cet Art.

E ij

patriotes ne le dédommagent-ils pas;
même de ce que la multitude appelle
intérêt?

Il n'eſt pas moins important de
mettre du choix dans ſes études.
L'univerſalité des talens ne fut jamais
le partage de l'humanité; les limites
de la vie ſont reſſerrées; le tems
s'échappe, & les beſoins ſe multi-
plient; ainſi en recommandant la
connoiſſance des Sciences & des Arts
dont nous venons de parler, nous
convenons qu'on doit s'attacher eſſentiellement à la perfection de celui
dont on veut faire ſon objet principal, & prendre ſeulement un local
des autres parties qui y ſont relatives;
ſi cette univerſalité étoit poſſible, les
Académies & nos Ecoles ne ſeroient
pas compoſées chacune en particulier, de Profeſſeurs qui ſe ſont atta-
chés par goût à différens genres, &
dont les veilles ſont conſacrés par état
à des découvertes ſur les objets dont
ils ont fait choix; notre intention eſt

donc seulement d'exiger sur-tout l'é-
tude des parties qui sont les fonde-
mens de notre Art, sçavoir, les Mathématiques, le Dessein, & une bonne théorie de l'Architecture ( *a* ).

( *a* ) Ce sont ces vûes qui nous ont donné l'idée
de l'établissement de notre Ecole des Arts ; l'expérience nous ayant fait juger qu'il étoit essentiel que
ces differentes connoissances pussent s'acquérir par
des principes communs, & par les soins de plusieurs
Professeurs, qui étant conduits par le même esprit,
contribuassent à donner à nos disciples une instruction plus propre à perfectionner en eux d'heureuses
dispositions ; de maniere que par un enchaînement
suivi, ceux qui nous sont confiés pussent marcher
d'un pas égal, de la connoissance des préceptes à
celle du goût, de la théorie à l'expérience, & de la
spéculation à la pratique ; ainsi indépendamment
des leçons d'Architecture qui font la base de cette
Ecole, on y enseigne encore le Dessein, pour parvenir par son exercice aux connoissances de la
Sculpture dans tous les genres, de la Peinture, de
l'Agriculture, &c. On y enseigne les Mathématiques, les Fortifications, la Perspective, la coupe des
pierres, l'art de modeler, & on y donne des leçons
d'expérience sur les lieux, par l'examen des plus
beaux édifices de cette Capitale & des environs. Enfin l'on y distribue toutes les années des Médailles
pour les prix de Mathématiques, d'Architecture &
de Dessein, en présence de plusieurs amateurs, de
differens Académiciens & de quelques Artistes du
premier ordre, qui veulent bien juger eux-mêmes

E iij

Par les Mathématiques, nous comprenons le calcul en général, sans lequel les rapports & les proportions sont souvent placés au hazard dans la décoration des Edifices ; la Géométrie théorique & pratique nécessaire pour la Perspective, l'art d'élever les plans, de faire des devis, des marchés, le toisé, &c. les Sections coniques pour la coupe des pierres, si utile à perfectionner la construction d'un Edifice, & à composer différens genres de voûtes relativement à la diversité des occasions que nous fournit l'art de bâtir ; enfin les Méchaniques, & l'Hydraulique, tendante à la connoissance des forces mouvantes, à la conduite & à l'élévation des eaux.

Par l'exercice du dessein, nous entendons la connoissance des proportions du corps humain, celle de

les prix , & contribuer par leurs avis & leurs conseils, à entretenir l'émulation , un des points le plus important de cet établissement.

l'hiftoire facrée & prophane qui donne le difcernement des allégories, des attributs, & des fymboles propres à chaque genre de bâtiment dont la Peinture & la Sculpture font leur objet; nous entendons l'élégance des formes relatives à l'ornement pour tous les genres de productions, & l'examen de la nature, par où l'on parvient à imiter tout ce qu'elle nous étale avec tant de variété & de profufion; connoiffance propre à développer la partie du goût effentielle à un Architecte, & en général aux Hommes qui font profeffion des beaux Arts.

Par la théorie de l'Architecture, nous exigeons la connoiffance de l'hiftoire de cet Art (a), l'étude des proportions des anciens comparées avec le fyftême des modernes; les prin-

(a) Voyez l'hiftoire abrégée de l'Architecture, & les changemens aufquels elle a été fujette depuis les premiers fiécles jufqu'à préfent, dans le premier volume de l'*Architecture Françoife*, imprimé en 1752.

E iiij

cipes les plus univerſellement approuvés, appliqués à la décoration, à la
diſtribution & à la conſtruction des
Edifices; nous comprenons ceux de
la convenance, étendus aux différens Bâtimens deſtinés à l'uſage de
la ſociété civile, à l'utilité, à la ſureté
& à la magnificence ; nous demandons qu'on ſache concilier les avantages de la diſpoſition, de la ſituation
& de l'expoſition, avec la ſymetrie,
la beauté des formes des plans &
des élévations; nous exigeons enfin
la pratique, qui ſuppoſe la connoiſſance des différens matériaux propres
à l'art de bâtir, & l'économie dont
on doit uſer dans leur emploi, la
conſidération de leur poids & de leur
pouſſée, leur liaiſon & leur aſſem-
blage, le détail des us & coûtumes,
comme les ſeuls moyens de ſe
diſtinguer dans la profeſſion d'Architecte.

Mais ces différentes études qui
ſont ſi néceſſaires à l'Architecte,

ne font pas indifférentes pour le Sculpteur, le Peintre, le Graveur, le Cizeleur, & tant d'autres Artiftes : aux uns pour le fond de leurs bas reliefs, aux autres pour celui de leurs tableaux ; à ceux-là pour rendre fidelement dans leurs ouvrages l'intention des grands Maîtres ; à ceux-ci, pour compofer avec jugement, foit en boffe, foit en creux, différens genres de productions fi fort en vogue dans notre fiecle.

De quel fecours ne feront pas pour les Sculpteurs les notions des principes de l'Architecture, qui, fecondées des préceptes de la Perfpective, lui affigneront des proportions géométrales, conftantes, invariables ? De quel fecours ne lui fera pas la connoiffance de l'hiftoire de notre Art, de fon origine, de fes révolutions, des diverfes opinions qui ont été plus ou moins répandues, approuvées ou fuivies chez les différentes

Nations (*a*)? Alors on ne le verra point dans la multiplicité des ouvrages de ſon reſſort ſe reſſembler, ſe répéter & pécher continuellement contre le coſtume ; les monumens qui lui ſerviront de fonds ou de fabrique, ſeront ſcrupuleuſement conformes aux convenances, aux bienſéances, aux uſages & au goût national des différens peuples qu'il fera renaître ſous ſon ciſeau.

De quelle utilité ne ſeront pas ces mêmes connoiſſances au Peintre qui ſe conſacre à l'Hiſtoire & à la décoration des Théatres ? Chargé de

(*a*) C'eſt ſans doute par ces connoiſſances profondes, que MM. *Bouchardon*, *Pigal*, *Couſtou*, *Lemoyne*, *Salis*, & pluſieurs Statuaires du premier rang, ont mérité de nos jours le nom de célébres Artiſtes ; c'eſt à eux que Paris, nos Maiſons de plaiſance, les Palais de nos grands Seigneurs doivent leur embelliſſement : les Etrangers qui viennent ſe rendre témoins des merveilleuſes productions du régne de Louis XIV, ſont forcés de convenir que les Artiſtes de ce ſiécle mémorable ont laiſſé à la France, dans nos Académiciens, de dignes rivaux dont les ouvrages ne ſeront pas moins admirés de la poſtérité la plus réculée que ceux de leurs prédéceſſeurs.

repréfenter des fujets facrés ou pro-
phanes, s'il veut enrichir fa compofition d'Edifices publics, de monumens confidérables, il fçaura diftinguer habilement l'Architecture antique, ancienne, gothique & moderne ( *a* ). On ne le verra jamais
employer l'une pour l'autre, & il ne
fera point obligé d'affocier à fon entreprife quelque Artifte, qui auffi
peu inftruit que lui dans le choix des
allégories propres au fujet, ou qui
faififfant mal les principaux motifs

( *a* ) Quelle réputation ne fe font point acquis
par leurs ouvrages Meffieurs *Vanloo*, *Natoire*,
*Boucher*, *Pierre*, *Reftout*, & autres grands Peintres
de l'Académie, qui joignant à un talent fupérieur
pour leur Art les connoiffances de l'Architecture, en-
fantent tous les jours des productions qui leur attirent les plus grands applaudiffemens ?

A quel dégré n'auroient pas pu être portées les dé-
corations de nos Théâtres par l'étendue des lumieres
du célébre *Servandoni*, qui non moins excellent Architecte que grand Peintre, annonce à fes émules
une route que ceux-ci ne pourront atteindre lorf-
qu'ils négligeront la théorie de l'Architecture, l'u-
tilité des voyages, la connoiffance de l'hiftoire, &
la lecture des plus excellens livres de leur profeffion ?

de l'action, concourera par sa négligence à faire un assez mauvais tout
de deux parties, qui prises séparé-
ment, auroient pu sans doute mériter
le suffrage des connoisseurs.

Quel succès n'est pas en droit d'attendre le Graveur qui à l'habileté
dans son art, ayant réuni les principes
de l'Architecture ( *a* ), sera en état
d'imiter & de surpasser même les desseins qui lui seront offerts ? Loin
d'être embarrassé dans l'exécution,

( *a* ) Vit-on jamais la gravûre portée à un plus
haut point de perfection, & les Artistes qui en font
leur objet principal, plus en état d'illustrer notre
Nation ? Que ne devons-nous pas aux rares talens
de M. Cochin fils, aussi sçavant Dessinateur qu'excellent Graveur, qui en homme habile a sçu pro-
fiter des voyages qu'il vient de faire en Italie, pour
se perfectionner dans un Art où il s'étoit déja acquis tant de réputation ? Avec quelle variété ce
génie fertile & élégant ne sçait-il pas enrichir ses
compositions par des fabriques d'Architecture &
des allégories de toute espéce, aussi ingénieuses que
convenables aux differens sujets qu'il traite ?

Quels succès n'ont point aussi les œuvres de MM.
*Cars*, *Lepicié*, *le Bas*, *Duvivier*, *Gai*, & plusieurs
autres Graveurs du premier ordre, en différens
genres dans lesquels ils ont mérité à juste titre le
nom d'hommes célébres ?

ſes connoiſſances le porteront ſans
ceſſe à rectifier avec goût, à développer, à ſentir, à prononcer les parties les plus eſſentielles de la décoration qui ſert de ſymbole au ſujet
d'hiſtoire confié à ſon burin, dont
la fonction eſt de multiplier les productions de la Peinture, & dont le
grand effort ſeroit d'ajouter à leur
perfection, afin de regagner du côté
de l'intelligence générale du tout,
ce qu'il perd néceſſairement par la
ſuppreſſion du coloris.

Quels avantages ne pourront pas
retirer de nos conférences les Ciſe-
leurs, Orfevres, Ebéniſtes, qui dans
la compoſition de leurs ouvrages ſont
tous les jours obligés de faire entrer
des Colonades ( *a* ) , des Portiques ,

_____

( *a* ) *Colonade.* On appelle ainſi un édifice compoſé de pluſieurs files de colonnes dans le goût des
anciens, & formant un périſtile, tel qu'eſt à peu près
à Paris celui du Louvre, bâti par *Claude Perrault*; ou
la Colonade de la cour de l'Hôtel de Soubiſe , élevée ſur les Deſſeins de M. *de la Maire*; ou enfin une
ordonnance de colonne circulaire formant un total

des Temples même (*a*), & qui fauté des premieres notions de l'Architecture, hazardent souvent des formes vicieuses, peu correctes, absurdes, singulieres, & encore moins relatives à leur sujet; hardiesses condamnables, licences odieuses, qui sont la source de la vicissitude qu'on remarque dans les ouvrages de goût, parmi lesquels on voit tous les jours succéder une mode barroque à une autre non moins bizarre. Comme il n'y a point de beauté solide & réelle dans la composition de ces ou-

ingénieux, tel que le bosquet, nommé la Colonade, dans le Jardin de Versailles, érigée sur les Desseins de *Jules-Hardouin Mansard.*

(*a*) Par ces connoissances, combien ne se sont pas illustrés les célébres MM. *Germain* & *Meyssonier*, qui joignant à la célébrité de leur Art la plus grande étude de l'Architecture, ont montré dans plus d'une occasion de quelle ressource cette étude leur avoit été ? Enfin que ne pourrions-nous pas dire ici des *Roëtiers*, des *Balins*, des *Caffiery*, &c. qui par les chef-d'œuvres qui sortent de leurs mains, ne laissent aucun doute aux amateurs sur l'étendue de leurs connoissances, & leurs progrès dans la théorie des Arts, qui sont en relation avec leurs professions ;

vrages ; ce qui plaît aujourd'hui eſt ſujet à déplaire demain ; & rien ne ſçauroit fixer le goût des Artiſtes, ni ſatisfaire d'une maniere conſtante la curioſité des amateurs de ces ſortes de productions.

Enfin , autant l'Architecte doit s'étayer de la théorie des Arts qui ont quelque relation avec le ſien , autant les autres Artiſtes doivent s'initier dans la connoiſſance de l'Architecture ; les uns & les autres ne parviendront jamais à la perfection & à une grande réputation, qu'ils n'ayent raſſemblé des principes qui ſe prêtent un ſecours mutuel.

Si les hommes deſtinés à la pratique du bâtiment n'ont pas beſoin de toute l'étendue des connoiſſances de l'Architecte, ils doivent au moins s'appliquer à l'étude de la Géométrie pratique, ſeule capable de conduire leur main dans l'opération ; s'appliquer à l'exercice du deſſein, pour acquérir l'idée de chaque partie de détail, de l'af-

femblage & de la réunion des différens genres de matériaux; fe livrer à
la fpéculation des principes généraux
de l'Architecture , qui les condui-
ront à une pratique plus fure, plus
développée , mieux entendue, & par
conféquent les ameneront à une économie toujours défirable, & néceffaire dans quelque genre d'entreprife
qui leur foit confié.

Quel fruit ne devra-t-on pas attendre des travaux d'un Entrepre-
neur, lorfque fes opérations feront
guidées par l'étude indifpenfable que
nous venons d'établir (a) ? Dans

(a) Nous obferverons que l'exercice propofé eft
le moindre travail que l'on puiffe exiger des Entrepreneurs; qu'il feroit même effentiel que les fimples Artifans du bâtiment s'y affujettiffent , & que
c'eft pour ceux-ci fur tout que nous annonçons ce
troifiéme Cours public de pratique, pendant lequel
il leur fera enfeigné avec complaifance jufqu'au
premieres notions des differentes parties du deffein
relatives à leur profeffion. A l'égard des perfonnes
qui fe deftinent à l'entreprife & qui auront déja des
connoiffances élémentaires des Arts, elles feront
admifes au fecond Cours, qui a pour objet la théorie de l'Architecture.

quel

quel écueil au contraire ne tombe-
ront pas tous les jours ceux qui n'auront que l'ignorance en partage,
fuite ordinaire de la pareffe & de
l'avarice ? Suppofons même à ces
hommes une longue expérience, de
la probité ; qu'eft-ce qu'un Maître
Maçon, un Charpentier, un Menui-
fier, un Serrurier, qui chargés d'affez grandes entreprifes, ignorent ces
premiers élémens, & qui fe trouvent
tous les jours livrés à des Artifans
encore moins inftruits qu'eux ? Si
par hazard, parmi ces praticiens,
il s'en trouve quelqu'un qui ait du
crédit, quel dégré de réputation les
foibles connoiffances que nous en
exigeons, n'euffent-elles pas ajouté
à leurs travaux ? Enfin, quelle diftinction ne s'attirent pas à Paris les
Entrepreneurs qui ont pouffé leurs
études beaucoup au-delà, & dont les
lumieres, la vigilance & l'équité ont
procuré à quelques-uns denos bâtimens la perfection qu'on y remarque

F

aujourd'hui ? c'est l'exemple de ces hommes habiles (*a*) que nous proposons; c'est sur leurs succès que nous recommandons les études qu'ils ont faites, à ceux qui entrent dans la même carriere; sans ces préliminaires, tels que leurs ancêtres, ils resteront toujours placés au dernier rang, & contribueront volontairement à peupler la Capitale d'hommes ineptes, dont le grand nombre est toujours un fleau pour les Arts & la Société.

Tel est, Messieurs, le projet que nous avons formé, pour vous donner des marques sinceres de notre zéle, pour nous acquitter de l'obligation que nous nous sommes imposée de veiller utilement au progrès des Arts, afin d'éloigner s'il est possible, par la connoissance des meilleurs

_____

(*a*) Les Sieurs *Caquet*, *Richard*, *Guesnon*; *Trouard*, *Destriches*, *Polvert* & plusieurs autres, sont autant d'Entrepreneurs habiles ausquels la maçonnerie, la charpenterie, la menuiserie, la marbrerie, la serrurerie & la dorure doivent leur plus grande perfection.

## Auteurs (a), & l'exemple des plus

(a) Après avoir donné dans ces notes differens moyens de parvenir aux connoissances de l'Architecture, & avoir recommandé la lecture des Auteurs les plus approuvés sur cet Art, nous allons annoncer ceux dont l'étude est indispensable aux personnes qui se vouent à la profession de l'Architecture & des Arts qui lui sont relatifs. Leurs ouvrages se trouvent pour la plûpart dans nos Bibliotheques publiques, dont nous avons fait mention dans la note (page 60.) ou enfin chez Charles-Antoine Jombert, rue Dauphine à Paris.

### Livres anciens.

Les dix livres d'*Architecture de Vitruve*, traduits en françois & commentés par *Claude Perrault*, édition de 1684, *in-fol.* ouvrage *très-profond*, dont le texte composé sous le *régne d'Auguste* & les commentaires sous celui de *Louis XIV*, font également honneur à l'un & à l'autre siécle.

Le *Cours d'Architecture* de *François Blondel*, édition de 1698, divisé en cinq parties, est certainement un des plus utiles & des meilleurs ouvrages qui ayent été écrits sur cet Art.

*Parallele de l'Architecture antique & de la moderne*, de M. *de Chambray*, édition de 1702 ; ouvrage excellent pour acquérir les connoissances des Ordres d'Architecture & des differentes opinions des Auteurs anciens & modernes qui ont commenté *Vitruve* avant *Perrault*, tels que *Palladio*, *Vignoles*, *Scamozzi*, *Serlio*, *Bulant*, *Philibert de Lorme*, *Cataneo*, *Barbaro*, *Viola* & *Alberti*.

*Ordonnance des cinq espéces de Colonnes*, selon la

célébres monumens, la frivolité qui paroît l'emporter fur les beautés mâles & fimples de l'Architecture confide-

méthode des Anciens, par M. *Perrault*, imprimé à Paris en 1683. *in-fol.* ouvrage moins eftimé que fes commentaires fur Vitruve, mais dont le fyftême mérite attention.

*Traité d'Architecture de Leon-Baptifte Alberty*, édition de Hollande, ouvrage trop peu connu, mais dont l'étude eft indifpenfable à un Architecte.

*Architecture d'André Palladio*, édition de Hollande de 1726, en deux volumes *in-fol.* un des plus grands Architectes de fon tems, & le plus univerfellement fuivi en Italie.

*Régles des cinq Ordres d'Architecture*, par Jacques Barozzio de *Vignoles*, commentées & confidérablement augmentées par *Auguftin - Charles d'Aviler*, encore augmentées par J. *le Blond*, & par *Jacques-François Blondel*, pour ce qui regarde les planches, & par J. *Mariette*, qui nous l'a donné grand *in-4°.* en 1750.

*Traité d'Architecture de Philibert de Lorme*, *in-fol.* édition de 1561, intéreffant pour fa maniere de bâtir *à petit frais*, & fes développemens fur la charpenterie.

*Œuvres d'Architecture*, de *Vincent Scamozzi*, *in-fol.* édition d'Hollande en 1736; ouvrage eftimé pour plus d'une découverte fur l'Architecture principalement fur le chapiteau Ionique.

Les *Edifices antiques de Rome*, levés & deffinés par ordre du Roi par M. *Defgodets*, *in-fol.* Livre extrémement rare & très-recherché pour la précifion des mefures des Edifices antiques.

rée dans ses beaux jours, & de prévenir une révolution, peut-être trop prochaine, & semblable à celle

*L'Architecture de Fontana*, premiere édition; ouvrage excellent, contenant les principaux monumens de l'Italie.

*L'Architecture historique de Fischer*, *in-fol.* imprimé à Leipsic; ouvrage estimé pour la collection des plus célébres monumens de l'Egypte, de la Grece & de l'Italie.

*L'Architecture de Bibiane*, pour le goût des ornemens propres à l'Architecture en général, & en particulier à la décoration des Théâtres.

La *Perspective des Peintres & des Architectes*, par le P. *Pozzo*, Jésuite, en deux volumes *in-fol.* imprimé à Rome en 1723. Ouvrage excellent pour la perspective, relativement à la décoration des Théâtres & aux besoins des Dessinateurs, des Peintres & des Architectes.

Le *Vitruve Britannique*, imprimé à Londres; ouvrage fort estimé & qui donne les connoissances des principaux monumens d'Angleterre.

*Traité d'Architecture d'Inigo Jones*, un des plus célébres Architectes d'Angleterre; ouvrage trop peu connu de nos Architectes François.

*L'Architecture des Voutes*, du R. P. *François Derand*, Jésuite, édition derniere de 1743. Ouvrage utile pour la pratique du trait.

*L'Architecture d'Antoine le Pautre*, édition *in-fol.* Ouvrage ingénieux & enrichi de dissertations raisonnées, par *Aug. Ch. d'Aviler*.

### Livres Modernes.

La *Théorie du Jardinage*, édition de 1747. Ou-

qui donna naiſſance aux goûts arabes & gothiques. Puiſſe le Monarque qui nous gouverne, les Miniſtres qu'il

vrage excellent, les premieres figures par *Aléxandre le Blond*, les dernieres & le diſcours par M. *d'Argenville*, Maître des Comptes.

*Traité de l'Architecture de Sébaſtien le Clerc*, édition de 1714. Ouvrage excellent pour les élémens, trop peu eſtimé ſans doute, quoique très-utile aux Architectes pour acquérir l'art de profiler avec goût.

*Traité de Perſpective pratique, avec des remarques ſur l'Architecture*, par M. *de Courtonne*, édition de 1725, utile pour la perſpective pratique.

*L'Architecture moderne*, édition de 1728, par M. *Tiercelet*; ouvrage aſſez utile pour les Praticiens.

La *Décoration des Edifices*, par *Jacques-François Blondel*, édition de 1738. Ouvrage intéreſſant pour l'ordonnance des façades & pour la partie des développemens.

*L'Art de bâtir les Maiſons de campagne*, édition de 1743, par *C. E. Briſeux*; ouvrage eſtimé pour la partie qui concerne la diſtribution.

*Traité du beau eſſentiel dans les Arts appliqué particulierement à l'Architecture*, édition de 1752, par le même; ouvrage utile & où l'on eſſaye à prouver que les plus beaux édifices tirent la ſource de la perfection des proportions harmoniques.

*Architecture de M. Cordemoy*, édition de 1714. Ouvrage ſyſtématique, mais rempli d'une infinité de réflexions judicieuſes.

*Traité de la coupe des pierres*, édition de 1728, par *J. B. de la Rue*; ouvrage utile pour la pratique de l'art du trait.

honore de fa confiance , le Directeur général de nos Bâtimens , applaudir à notre entreprife & contribuer par

La *Théorie & la pratique de la coupe des pierres*, par M. *Frezier*, édition de 1754, le feul ouvrage excellent pour la théorie de tous les genres de voûtes.

*Traité de la coupe des bois*, édition de 1729, par N. *Blanchard*, ouvrage utile pour la pratique de la menuiferie, charpenterie, &c.

*Traité de Charpenterie & des bois de toute efpéce*, avec un *Tarif général des bois*. Ouvrage contenant une infinité d'expériences curieufes, par M. *Mefanges*.

*Détails des ouvrages de Menuiferie pour les bâtimens*, où l'on trouve le prix de chaque efpéce d'ouvrage, avec le tarif du toifé; par M. *Potain*. Ouvrage neuf & intéreffant.

*Les Loix des bâtimens fuivant la coutume de Paris*, par M. *Defgodets*, commenté par M. *Goupy*, le meilleur ouvrage qui ait paru en ce genre.

*Architecture Françoife*, ou *Recueil des principaux Edifices élevés à Paris, dans fes environs & dans les principales Provinces de France, avec des defcriptions hiftoriques & analytiques*, par J. F. *Blondel*, 8 vol. *in-fol.* dont deux au jour & deux prêts à paroître. Ouvrage dont le but eft la comparaifon des bâtimens de même genre concernant nos édifices françois, n'ayant pû comprendre dans cette immenfe collection les monumens des Anciens fans augmenter trop confidérablement les planches, qui d'ailleurs fe trouvent répandues dans d'autres Ouvrages de réputation.

F iiij

la beauté des monumens qu'ils feront
ériger, à la proscription du mauvais
goût qui semble s'établir dans la plupart de nos Bâtimens. Mais que dis-

*Essai sur l'Architecture*, par le R. P. *Laugier*,
Jésuite ; ouvrage plein d'idées neuves & écrit avec
sagacité.

*Examen de cet Ouvrage*, par MM. *de la Fond* &
*Briseux*, utile par quantité d'observations intéressantes, quoiqu'un peu partiales.

*La Science des Ingénieurs*, par M. *Belidor*, *in-4°*.
Ouvrage très-utile pour la conduite des travaux
dans tous les genres de bâtimens ; édition de 1729.

*L'Architecture hydraulique, ou l'art de conduire*,
*d'élever & ménager les eaux pour tous les besoins de
la vie ;* par M. *Belidor*. Ouvrage nécessaire pour la
construction des ouvrages maritimes & des édifices
qu'on bâtit dans l'eau.

*Œuvres d'Estampes utiles aux Architectes &
autres Artistes, qui font leur profession des
ouvrages de goût.*

*Œuvres d'Architecture de J. le Pautre*, peut être
le meilleur recueil que nous ayons pour fertiliser le
genie des Artistes.

*Les délices de Paris & de ses environs*, édition
récente, qui a pour objet de présenter en perspective
la plus grande partie des monumens qui décorent
cette Capitale & ses environs.

Les *Ruines de Palmire ;* ouvrage anglois curieux,
intéressant & exact.

Les *Œuvres de J. B. Piranese*, remplies de

je? les bienfaits d'un Prince si sage, & les lumieres de ses Ministres ne font-ils pas de sûrs garants que ce ne sera point de leur temps que l'Architecture rentrera dans le cahos dont les Richelieu & les Colbert l'avoient heureusement tirée sous le regne de Louis le Grand?

productions fertiles & abondantes, & d'une très-belle exécution.

Les Œuvres de Meyssonier, la plûpart utiles à nos Dessinateurs.

Les Œuvres de Gilles Oppenor, pour la plus grande partie très-nécessaire aux Architectes.

On peut voir une grande collection des Desseins originaux de ces deux derniers Artistes dans le cabinet de M. Huquier, dont l'affabilité à cet égard est peut-être sans exemple; rue des Mathurins.

Les Œuvres de Labelle, Calot, le Clerc, Gilot, Chauveau, Sylvestre, &c. tous hommes du premier mérite, & dont en général les productions font autant de chef-d'œuvres d'une utilité indispensable aux Architectes, Peintres, Sculpteurs, Graveurs, Dessinateurs, Cizeleurs & autres Artistes, & dont la communication leur est offerte avec complaisance au Cabinet des Estampes de la Bibliothéque du Roi, par M. l'Abbé Joly dont nous avons déja parlé.

NOus allons vous rendre compte, Meffieurs, des différentes leçons qui compo-
feront les trois Cours que nous venons de
vous annoncer, principalement de celles
que nous avons eftimé néceffaires pour le
Cours, intitulé *élémentaire*.

A l'égard du Cours de *Théorie*, fon étendue & les difcuffions dans lefquelles nous
nous propofons d'entrer, ne nous permet-
tent pas d'en diftribuer la matiere en un
certain nombre exact de parties ; mais nous
ofons vous affurer de notre application
à le porter à fon plus haut point de perfection. Nous ne demandons pour y parvenir
que du zéle & de l'affiduité de la part des
perfonnes qui voudront bien nous fuivre.

Nous dirons auffi un mot de ce qui doit
former le Cours de *Pratique*.

# PRECIS

## *DES QUARANTE LEÇONS,*

### QUI COMPOSERONT

## LE COURS ÉLÉMENTAIRE.

*Préceptes généraux concernant la décoration des Edifices.*

Iere *Leçon.* ABREGÉ de l'histoire de l'Architecture & des Arts libéraux qui y sont relatifs.

II.       De l'origine des Ordres d'Architecture, des principaux Auteurs qui en ont traité, &c.

III.      Définition des Ordres en général, leur application dans l'Architecture, &c.

IV.      Proportions de l'Ordre Toscan.

V.      Proportions de l'Ordre Dorique.

VI.      Proportions de l'Ordre Ionique.

VII.      Proportions de l'Ordre Corinthien.

VIII.       Proportions de l'Ordre Composite.

IX.       De l'Ordre nommé Attique , des baluftrades , des amortiffemens , &c.

X.       Des foubaffemens , des niches ; des frontons , &c.

XI.       Des portes , des croifées , des trumeaux , bandeaux , chambranles , &c.

XII.       De la relation que la Sculpture doit avoir avec l'Architecture ; fon expreffion par rapport à l'ordonnance du Bâtiment , fes attributs , fes allégories , fes fymboles , &c.

XIII.       Définitions des principes de la convenance , de la bienféance , & de ce qui s'appelle bon goût en Architecture.

XIV.       Des licences dont on fait ufage dans la décoration , leur autorité ; du moyen de les employer avec fuccès , & d'en éviter l'abus.

*Préceptes généraux concernant la diftribution des Bâtimens à l'ufage de la fociété civile.*

XV.       De l'expofition des Bâtimens ; de leur fituation , de leur difpo-

ſition , & de la maniere d'en conl
cevoir le projet général.

X V I.   De la néceſſité de concilier la
diſtribution des dedans , avec la
décoration des façades ; de la
proportion & du rapport que
doivent avoir enſemble les avant-
corps & les pavillons , avec les
arriere-corps & les aîles d'un
Bâtiment.

X V I I.   Dénombrement des piéces qui
doivent compoſer un apparte-
ment ; définitions de ceux qu'on
nomme de parade , de ſociété
privée , &c.

X V I I I.   De la proportion , de la forme
& de l'ordonnance de chaque
piéce , relativement à la diverſi-
té des appartemens.

X I X.   Règles générales concernant la
décoration intérieure , conſidé-
rée ſelon l'importance ou la ſimplicité du Bâtiment.

*Préceptes généraux concernant la diſtribution*
*& la décoration des Jardins de propreté.*

X X.   De la diſpoſition générale des
rdins , de leur expoſition , de
leur ſituation , de leur nivelle-

ment, des différentes parties qui les composent. Comparaison de ceux qui sont les plus appro vés chez nous, avec ceux qu'on vante le plus chez les Etrangers.

XXI. De la décoration des Jardins de propreté, des bellevederes, des grottes, des fontaines, des terrasses, des piéces de verdure ; enfin des Auteurs les plus célébres qui ont écrit sur cette matiere.

*Préceptes généraux concernant la construction des Bâtimens.*

XXII. De la Maçonnerie en général, de la pierre, du moëlon, du grès, du marbre, de la brique, de la chaux, du sable, du ciment, du mortier, &c.

XXIII. De la maniere de planter un Bâtiment, de la construction des fondations sur le roc, le sable, la glaise, dans les lieux marécageux, sur la terre ferme, &c.

XXIV. De la construction des murs de face, de refend & en terrasse, relativement aux différens matériaux dont on fait usage à Paris

& dans nos Provinces ; de la
conſtruction des voûtes , des lé-
gers ouvrages , &c.

X X V.    De la Charpenterie en général,
de la qualité des bois de char-
pente , de la conſtruction des
planchers , des pans de bois , des
combles , des eſcaliers , &c.

X X V I.    De la couverture , de la ſerru-
rerie , de la menuiſerie , du pa-
vé , de la vitrerie , de la plom-
berie , &c.

*Préceptes généraux ſur la diſpoſition & l'or-
donnance des Edifices publics.*

X X V I I.  Définition des principaux Edifices , conſidérés relativement à
la magnificence , à la ſûreté & à
l'utilité.

XXVIII.    Des palais , des châteaux , des
maiſons de plaiſance , des hôtels,
de leurs dépendances , &c.

X X I X.    Des arcs de triomphe , des
places publiques , des théatres,
des colonades , &c.

X X X.    Des portes de ville , des ar-
ſenaux , des cazernes , des ports,
des ponts , &c.

X X X I.  Des Egliſes , des hôtels de ville,

des fontaines, des hôpitaux, &c.

XXXII, Ces quatre leçons feront defti-
XXXIII, nées à l'application des prin-
XXXIV, cipes contenus dans les précé-
& XXXV. dentes : pour y parvenir on fera
des comparaifons des Edifices de
même genre, puifés dans les ouvrages les plus approuvés, &
qui ont été élevés dans cette Capitale ou dans les environs, par
nos plus célébres Architectes,
tels que *Defbroffes*, *le Mercier*,
*Manfard*, *Le Veau*, *Perrault*, &c.
Après ces leçons fpéculatives qui feront ac-
compagnées de démonftrations, de modéles,
de citations & de l'examen des meilleurs livres fur l'Architecture, on finira ce Cours
par cinq leçons, qui auront pour objet l'inf-
pection des Edifices fur les lieux, afin d'y
remarquer d'après l'exécution les beautés
les plus approuvées, & les licences ou les
médiocrités qu'il eft bon d'éviter, dans
le deffein d'apprendre à nos Eleves à juger
avec difcernement des principes du goût,
des loix de la convenance, de la beauté
des formes, de l'expreffion & du carac-
tère qu'il convient de donner à chaque
genre d'Edifices.

Ce Cours fe fera très - exactement
tous

tous les Jeudis & Samedis de chaque semaine , depuis trois heures après midi
jusqu'à six , & se renouvellera sans inter-
ruption.

# PRECIS

## DU COURS DE THEORIE.

Ce cours sera donné sur le même plan
que le précédent , mais plus approfondi.
On supposera dans les personnes qui se destinent à le suivre , des mathématiques & du
dessein. On y dictera les leçons ; ceux qui y
assisteront , y démontreront tour à tour :
on y discutera les différens systêmes des
Auteurs anciens & modernes ; on entrera
dans l'analyse de chaque partie du Bâtiment ; on insistera sur l'art & la nécessité
de bien profiler , sur le choix , l'élégance
& la beauté des formes relatives à la distribution & à la décoration.

On le commencera par une exposition de
l'origine de l'Architecture , afin de donner
aux Artistes une idée distincte de son accrois-
sement, de ses révolutions & de son état présent. L'origine des autres Arts qui appartien-
nent à l'Architecture , y trouvera aussi sa
place.

Les leçons s'ouvriront par la distribution.

G

On appliquera les principes de cette partie du Bâtiment à un Edifice de 60 toises de face, destiné pour une maison de plaisance; les figures seront relatives aux dissertations, qui seront composées de maniere à épuiser en quelque sorte tout ce qui concerne les loix de la distribution en général.

A la distribution succéderont les règles fondamentales de la décoration des dehors & des dedans. On continuera ce Cours par la partie de la construction, dont on approfondira jusqu'au moindre détail; on rappellera les loix des Anciens à cet égard, les autorités des modernes, & on citera les exemples des plus célébres Architectes.

Les différentes parties de ce Cours seront entremêlées de leçons sur le terrein, afin d'acquérir par dégrés l'expérience nécessaire, & parvenir à la connoissance de l'excellent, du médiocre & du défectueux.

Ce Cours se fera très exactement tous les Dimanches, sans aucune vacance ni intervalle, depuis deux heures & demie jusqu'à cinq heures & demie.

# PRECIS
## DU COURS DE PRATIQUE.

Tous les Dimanches matin, depuis d

heures jufqu'à midi, on expliquera la Géométrie pratique d'après les meilleurs Auteurs qui en ont traité. Les mêmes jours
depuis deux heures après midi jufqu'à fix
heures du foir, on enfeignera la maniere
de deffiner les Ordres d'Architecture, les
plans, élévations, coupes & développemens des Bâtimens ; on y traitera de l'ornement, à la portée des Menuifiers, Ser-
ruriers, Marbriers, Jardiniers, & des autres Ouvriers qui font leur profeffion des
Arts méchaniques, & qui tous ont befoin
de l'exercice du deffein, & de la pratique
de l'équerre, de la règle & du compas.

## APPROBATION.

J'AI lû par ordre de Monfeigneur le Chancelier
un Manufcrit intitulé *Difcours fur la néceffité de
l'étude de l'Architecture*, par M. *Blondel*, & j'ai
cru que l'impreffion en feroit utile, & que le
Public verroit avec plaifir les foins & le zèle de
l'Auteur pour l'inftruction de fes Eleves. Fait à
Paris le 13 Avril 1754. LE BLOND.

# ERRATA

AVERTISSEMENT, page 2, ligne 2, au lieu de *proposant* lisez *présentant*.

Page 9, ligne 14, *procuré* lisez *procurée*.

*Ibid.* ligne 21, *contraint de* lisez *engage à*.

Page 11 ligne derniere, *nous nous sommes* lisez *ne nous sommes nous pas*.

Page 26, ligne 4, *fonc-* lisez *fonctions*.

Page 28, ligne 4 des notes, *eu* lisez *eue*.

Page 31, ligne 11, *mais il* ôtez *il*.

*Ibid.* ligne 7 des notes, 44 lisez 69.

Page 39, avant derniere ligne, *apréciés* lisez *apréciées*.

Page 46, ligne 5, *la charlatanerie* lisez *l'incapacité*.

Page 50, ligne 9 des notes, *dire* lisez *citer*.

Page 68, ligne 23, *consacrés* lisez *consacrées*.

Page 70, ligne 16, *tendante* lisez *tendant*.

Pendant l'impression de ce petit Ouvrage, dont quelques occupations importantes de l'Auteur ont ralenti l'impression, MM. d'Ons-en-Bray, *Hulst* & *Pineau*, que nous avons cité dans les notes pages 53, 55, 62, sont décédés. Nous avertissons aussi qu'au lieu de M. *de Foncemagne*, nommé page 61, comme Directeur de la *Salle des Antiques* au Louvre, il faut lire M. *de Bougainville*, qui depuis sa réception à l'Académie Françoise, vient de prendre possession de la Direction de ce précieux dépôt.